U0604380

集人文社科之思　刊专业学术之声

刊　　名：廉政学研究

主　　编：蒋来用

主办单位：中国社会科学院社会学研究所

（VOL.2）CLEAN-GOVERNANCE STUDY

编辑部

**联系电话：** 86-10-85195127（兼传真）

第2辑

集刊序列号：PIJ-2018-314

中国集刊网：http://www.jikan.com.cn/

集刊投约稿平台：http://iedol.ssap.com.cn/

# 廉政学研究

## Clean-Governance Study

2018年第2辑

2018 VOL.2

社会科学文献出版社

SOCIAL SCIENCES ACADEMIC PRESS (CHINA)

# 目录 Contents

# 专家特稿

廉政学研究 第 2 辑

第 3~31 页

© SSAP，2018

# 加强党的纪律建设的内涵与现实要求

吴 戈 *

**摘 要**：党的十八大以来的全面从严治党工作，以加强纪律建设为着力点。本文梳理了党的十八大以来党的纪律建设的理论逻辑、历史逻辑和实践逻辑，详细论述了新时代党的纪律和纪律建设的本质内涵，从十个方面提出了加强纪律建设的现实要求。

**关键词**：新时代；纪律建设

中国共产党始终重视纪律，但直到在党的十八大报告中才正式提出纪律建设这一重要命题。党的十八大以来，以纪律建设为着力点全面推进从严治党。以习近平同志为核心的党中央将纪律建设摆在更加突出的位置，把纪律挺在前面，实现了管党治党的理念飞跃和实践创新，使全党纪律建设提升到一个新高度。党的十九大将纪律建设摆在更加突出的位置，将其纳入新时代党的建设总体布局，在党章中充实完善了纪律建设相关内容，表明了用严明的纪律管党治党的坚定决心。纪律建设与组织建设等其他建设并列，共同被纳入党的建设新的伟大工程，形成了

---

\* 作者简介：吴戈，现任中国纪检监察学院副院长、中央民族干部学院等院校兼职教授。研究方向：廉政建设、作风建设、纪律建设、反腐败理论与实践、党内法规、全面从严治党理论与实践等。

"5 + 2"一起抓的总体布局，标志着中国共产党对坚持党要管党、全面从严治党的认识达到了一个新境界，凸显了党的纪律和纪律建设的重要地位与作用。2018 年 8 月 26 日，新版《中国共产党纪律处分条例》公布，释放着全面从严治党永远在路上、把"严"字长期坚持下去的强烈信号。纪律建设这个重要命题，再次凸显在人们的面前。因此，对纪律建设进行系统深入研究，对于不断丰富和发展党的建设理论、不断提高党的建设质量，具有重大的现实意义和深远的历史意义。

## 一　新时代纪律建设的逻辑

### （一）加强纪律建设的理论要求

中国共产党作为执政党，要跳出"历史周期率"，必须要全面加强党的领导，一定要加强党的建设，贯彻落实新时代党的建设的总要求。先进性和纯洁性是马克思主义政党的本质属性，加强党的建设，就是要同一切弱化先进性、损害纯洁性的问题作斗争，祛病疗伤，激浊扬清。全党要以自我革命的政治勇气，着力解决党自身存在的突出问题，不断增强党自我净化、自我完善、自我革新、自我提高的能力，经受"四大考验"、克服"四种危险"，确保党始终是中国特色社会主义事业的坚强领导核心。治国必先治党，治党务必从严。如果管党不力、治党不严，人民群众反映强烈的党内突出问题得不到解决，那么中国共产党迟早会失去执政资格，不可避免会被历史淘汰。中国共产党是靠革命理想和铁的纪律组织起来的马克思主义政党，组织严密、纪律严明是党的优良传统和政治优势，是中国共产党的力量所在。全面从严治党，是实现党的历史使命的必然要求。面对严峻复杂的形势、艰巨繁重的任务和人民群众的期盼，党自身存在的问题更加凸显。对党最大的威胁表现为：党的观念淡漠、组织涣散、纪律松弛，党的领导弱化、管党治党不严、责任担当缺失。如果任其发展下去，就会削弱党的执政能力、动摇党的执政基础（王岐山，2015）。管党治党，必须严字当头，让严格的要求贯穿全过程，做到真管真严、敢管敢严、长管长严。全面从严治党，就是要围绕加强党的领导这个根本，解决管党治党失之于宽、失之于松、失之于软的问题，确保党始终是中国特色社会主义事业坚强领导核心。

全面从严治党，重在依规治党，关键在"治"，要害在"严"。如何"治"，怎么"严"？要有个标准，这个标准就是党内法规。依规治党是全面从严治党的内在要求。习近平总书记强调："党要管党、从严治党，靠什么管，凭什么治？就要靠严明纪律"，"纪律不严，从严治党就无从谈起"（习近平，2016：5）。保持党的团结统一，靠共同的理想信念，靠严密的组织体系，靠全党同志的高度自觉，还要靠严明的纪律和规矩。加强纪律建设，就成为党的建设、全面从严治党的重要内容，是党的建设的基础工程，出现在党的建设的全过程和各方面。

依规治党的基础是纪律建设。全面从严治党的关键，就是不断扎紧党规党纪的笼子。党的纪律和规矩是党的各级组织和全体党员干部必须遵守的行为规范与规则，是制度的基本表现形式，因而具有根本性、长期性、稳定性、全局性等制度的本质属性。纪律和规矩是衡量党员干部行为的尺子，是不可逾越的红线和底线，是管党治党的重要依据，是维护党的团结统一、完成党的任务的根本保证。法律是全体公民的行为底线，党纪是全体党员的行为底线。我国在权力行使中，95%都是依靠中国共产党党员，我们的党员领导干部，决定着国家政权的方向。所以管住了党的纪律，就管住了行政权力。反腐败斗争要坚持标本兼治，严肃纪律就是治本。只要把纪律管到位、严到份，就能够减少腐败存量，遏制腐败增量，"病树"必将减少。要把纪律立起来，让党员干部时刻牢记党纪这条红线，自觉做到敬畏纪律、遵守纪律。管住了纪律，权力还能跑远吗？这是我们国家独特的东西。看权力是看不住的，必须上提一级看纪律。权力的"本"是纪律，党员的"本"是党性，不是权力。用纪律规矩管住党员干部，就管住了绝大多数握有公权力的人，就为重构政治生态、建设廉洁政治奠定了坚实基础，这是治本。由此可见，纪律建设是全面从严治党的治本之策。

## (二) 加强纪律建设的历史必然

中国共产党是靠革命理想和铁的纪律组织起来的马克思主义政党，组织严密、纪律严明是党的优良传统和政治优势，是党的力量所在。回顾党的历史发展，中国共产党之所以能够战胜一切艰难险阻、从胜利不断走向新的胜利，党的组织之所以具有坚强的战斗力、能够成为攻坚克难的战斗堡垒，不仅靠着坚定的革命信仰、真理和人格的力量，还靠着严明的纪律和规矩。"加强纪律性，革命无不胜。"① 受列宁党建学说影响，中国共产党从一开始就特别重视纪律建设。这既表现为党章（党纲）和决议案等重要文献对纪律的明确规定，又表现为党的主要领导人对纪律重要性的突出强调，更表现为不同时期党的纪律建设的丰富实践。自诞生之日起，中国共产党就把纪律写在自己的旗帜上，通过培育纪律意识、创制党内法规、创建纪检机构、塑造优良党风等举措加强党的纪律建设。

建党之初，党面临的最大挑战就是生存与发展。为此，在制定一大党纲时，15 条规定中涉及纪律的就有 6 条，占了三分之一还多，为党的纪律建设奠定了"纪律立党"的基础。二大党章坚持列宁党建思想，强调中国共产党是无产阶级有严密组织和严格纪律的队伍，首次将"纪律"单列成章，并提出了 9 条纪律要求，涉及组织纪律、宣传纪律、党员从业纪律等，使党的纪律建设有了实质性内容和进展。以后的历次全国党代会，除"文革"时期外，都在党章中突出强调加强党的纪律和纪律建设。党的三大、四大通过的党章，均设有"纪律"专章，对严明纪律的重要性做了明确阐述。1927 年 5 月，党的五大通过的《组织问题决议案》第一次明确提出"政治纪律"的概念，强调党内纪

---

① 出自毛泽东 1948 年 11 月 11 日电文《再有一年左右时间即可从根本上打倒国民党》，原文是"军队向前进，生产长一寸，加强纪律性，革命无不胜"。见《毛泽东文集》第 5 卷，1996：194。

律非常重要，"宜重视政治纪律"。党的五大选举产生的中央监察委员会，开了党的纪律检查机构的先河。革命战争年代，毛泽东亲自制定"三大纪律八项注意"，强调"路线是'王道'，纪律是'霸道'，这两者都不可少"，严明的纪律成为中国共产党领导中国革命胜利的成功经验（舒国增，2017）。

抗日战争爆发后，1938 年 9 月，党的六届六中全会专门制定加强纪律的文件，第一次完整提出"四个服从"的组织纪律。之后，党中央开展了延安整风运动，把反对山头主义、宗派主义，加强党的纪律建设作为整风的主要内容之一。七大党章首次把"四个服从"，即"党员个人服从所属党组织，少数服从多数，下级组织服从上级组织，部分组织统一服从中央"，作为党的组织纪律予以确立，对扩大党内民主和实行集中统一领导做了详细规定。七大党章首次把纪律作为党的组织基础写入总纲，确立了纪律建设"惩前毖后、治病救人"的正确方针，这对于正确执行党内纪律、保护党员正当权利有重要意义。七大党章重新规定设立监察机关，并明确其"在党委指导下工作"，这对后来确立纪律检查机关双重领导体制具有重要影响（高永忠，2015）。解放战争时期，1948 年，毛泽东同志发出"加强纪律性，革命无不胜"的号召，该号召不仅转化为全党的自觉行动，而且在夺取全国革命胜利的实践中也得到了检验和证实。

西柏坡时期，党面临着"进京赶考"的重大考验。党会不会像当年李自成那样败退北京、遭遇中国式的"滑铁卢"？在七届二中全会上，毛泽东号召全党"务必使同志们继续地保持谦虚、谨慎、不骄、不躁的作风，务必使同志们继续地保持艰苦奋斗的作风"。进京前夕，毛泽东又提醒身边工作人员：我们进北平，可不是李自成进北京，他们进了北京就变了，我们共产党人进北平，是要继续革命，建设社会主义……要教育战士，不要中了资产阶级的糖衣炮弹。从要求全党学习《甲申三百年祭》到提出"两个务必"和称进京为"赶考"，体现了毛泽东从严治党、加强纪律建设一以贯之的精神。西柏坡纪念馆至今保存的中国共产党"进京赶考"前定下的"六条规矩",彰显出即将成为执政党的清醒与坚定。

正如毛泽东在回顾党经历的 28 年艰苦卓绝的革命斗争时曾指出的,中国共产党有三件"战胜敌人的主要武器",第一件就是"一个有纪律的,有马克思列宁主义的理论武装的,采取自我批评方法的,联系人民群众的党"。毛泽东将"有纪律"放在最前面,体现的正是他对革命年代党的建设经验和新民主主义革命胜利经验所做出的深刻总结(吴文珑,2018)。

面对改革开放新的历史环境对党的建设带来的严峻考验,中国共产党鲜明提出了执政党的党风问题是关系党的生死存亡的问题,提出各级党委要坚持"党要管党"的原则,把从严治党、加强纪律建设的方针贯彻到党的建设的各项工作中去。改革开放初期,清风吹进来的同时,苍蝇也飞进来不少,党面临资产阶级自由化等各种腐朽思想的腐蚀。当年,邓小平同志就严肃指出,"这个党该抓了,不抓不行了"(《邓小平文选》第 3 卷,1993:314)。他还指出:"我们这么大一个国家,怎样才能团结起来、组织起来呢?一靠理想,二靠纪律。组织起来就有力量。没有理想,没有纪律,就会像旧中国那样一盘散沙,那我们的革命怎么能够成功?我们的建设怎么能够成功?"(《邓小平文选》第 3 卷,1993:111)于是,1982 年党的十二大党章专章明确了党的纪律和纪律检查机关的职能。1987 年党的十三大又强调,"必须从严治党,严肃执行党的纪律",这是首次在中央全会报告中提出"从严治党"的要求。1992 年党的十四大将"从严治党"正式写入党章。之后,党的十五大、十六大、十七大都反复重申党要管党的原则和从严治党的方针,强化党的纪律,将从严治党、纪律建设贯穿于党的建设的各个方面。

(三)加强纪律建设的实践需要

当前,世情国情党情均发生了新的变化,世界格局正在深刻调整,国内格局正在深刻变革。面对"两个一百年""中国梦"的奋斗目标,中国共产党这个拥有 8900 多万党员的大党，要始终成为带领 13 亿中国人民奋勇前行的坚强领导核心，必须全面从严治党，加强纪律建设，把党的制度优势发挥出来，不断自我完善、自我净化、自我革新，战胜长期执政条件下面临的各种风险和挑战。但是，当前存在的纪律规矩不彰导致管党治党不力，已给党的事业发展带来危害。党的十八大以来查办的腐败案件、信访举报的线索、巡视和审计发现的问题、严重违纪违法者的自我忏悔都表明，"四风"禁而不绝、腐败滋生蔓延，根本原因在于一些党员干部的观念淡漠、组织涣散、纪律松弛。党的十八大以来，以习近平同志为核心的党中央从党和国家事业全局、推动实现中华民族伟大复兴的政治高度出发，突出强调严明纪律的重要性和迫切性，提出了"全面从严治党"这一时代课题，党的建设理论获得重大突破和发展。

始终高度重视纪律建设，是以习近平同志为核心的党中央管党治党的鲜明特色。"党面临的形势越复杂、肩负的任务越艰巨，就越要加强纪律建设。"（习近平，2014a：386）十八大以来，以习近平同志为核心的党中央，把加强党的纪律和纪律建设作为党的建设的重要内容突出强化，以强烈的使命担当和坚定的毅力决心，始终把纪律特别是政治纪律和政治规矩挺在前面。十八大以来，习近平总书记在中央纪委全会 5 次讲话，都是围绕纪律建设展开的。从十八届中央纪委第二次全会上要求严明党的政治纪律，到第三次全会上强调组织纪律，从第五次全会上提出"加强纪律建设，把守纪律讲规矩摆在更加重要的位置"、突出政治纪律和政治规矩，到 2015 年 10 月 8 日中央政治局常委会上明确"加强纪律建设是全面从严治党的治本之策"，第六次全会上提出要把纪律建设摆在更加突出的位置，第七次全会上再次对纪律建设进行总结。习近平总书记系列重要讲话始终贯穿着全面从严治党、严明纪律的要求。

总的来说，新时代突出强调加强党的纪律建设，具有理论、历史和实践等多方面的深刻考虑：加强纪律建设，是党要管党、从严治党的迫切需要；加强纪律建设，是形势任务发展的客观要求；加强纪律建设，是解决组织涣散、纪律松弛问题的现实需要；加强纪律建设，是实现国家长治久安的重要保障（陈理，2016）。

## 二 新时代纪律建设的内涵

### （一）纪律的内涵

党的纪律是按照民主集中制的原则，根据党的性质、纲领和实现党的路线、方针、政策的需要而确立的各种党规党纪的总称。党的纪律既包括党章、党内规章制度、规范性要求及各类行为规则，也包括党在长期实践中形成的不成文的优良传统和工作惯例，是规范和处理党内个人与组织、组织与组织关系的基本依据。从广义角度而言，党章党规党纪都是党的纪律；从狭义角度而言，当前党的纪律是指《中国共产党纪律处分条例》规定的"六大纪律"，即政治纪律、组织纪律、廉洁纪律、群众纪律、工作纪律和生活纪律。

#### 1. 政治纪律

政治纪律是党的各级组织和全体党员在政治方向、政治立场、政治言论和政治行为方面必须遵守的行为准则，是维护党的团结统一的根本保证。在党的六项纪律中，政治纪律最重要、最根本、最关键。破坏政治纪律和政治规矩的危害，比经济上的腐败更严重。不管违反哪方面纪律，若任其发展，最终都会侵蚀党的执政基础，破坏的都是党的政治纪律。政治纪律是打头、管总的纪律，遵守党的政治纪律是遵守党的全部纪律的重要基础。习近平同志在十八届中央纪委第五次全会强调，政治纪律是全党在政治方向、政治立场、政治言论、政治行动方面必须遵守的刚性约束。遵守政治纪律是遵守党的全部纪律的重要基础。讲规矩，首先要讲政治规矩；守纪律，首先要守政治纪律。抓住严肃政治纪律和政治规矩这个纲，把严肃其他纪律带起来，正是管党治党的治本之策。

#### 2. 组织纪律

组织纪律是规范和处理党的各级组织之间、党组织与党员之间以及党员与党员之间关系的行为规则，是维护党的集中统一、保持党的战斗力的重要保证。组织纪律是非常严格的，每个党员都宣过誓要严守纪律。"四个服从"是党的民主集中制原则的重要内容之一，是党的纪律建设的核心内容，它的具体内容是：党员个人服从党的组织；少数服从多数；下级组织服从上级组织；全党各级组织和全体党员服从党的全国代表大会和中央委员会。四个服从既反映了民主，又体现了集中，是党内生活秩序的总概括，是正确处理党内各种关系的基本准则，其实质是少数服从多数，其核心是全党各级组织和全体党员服从党的全国代表大会和中央委员会。党的七大以后的历届党的代表大会通过的党章中，都强调了这一组织纪律原则，并不断加以补充、发展和完善。

### 3. 廉洁纪律

廉洁纪律是党组织和党员在从事公务活动或者其他与行使职权有关的活动中，应当遵守的廉洁用权的行为规则，是实现干部清正、政府清廉、政治清明的重要保障。共产党是执政党，党员领导干部手里有权力。如果这个权力用来谋私，一定会严重破坏党的形象、严重损害党群关系，涉及人心向背、生死存亡，关系重大。

### 4. 群众纪律

群众纪律是党组织和党员在贯彻执行党的群众路线和处理党群关系过程中必须遵循的行为规则。群众纪律是党的性质和宗旨的体现，是密切党与群众血肉联系的重要保证，更具有执政党纪律的特色。纪律处分条例将违反群众纪律的行为单设为一类，恢复了"三大纪律、八项注意"中关于群众纪律的优良传统，以保持党与人民群众的血肉联系。

### 5. 工作纪律

工作纪律是党组织和党员在党的各项具体工作中必须遵循的行为规则，是党组织和党员依规开展各项工作的重要保证。各项工作都得有规矩，都得有纪律，都得照着规矩去做。

### 6. 生活纪律

生活纪律是党员在日常生活和社会交往中应当遵守的行为规则，涉及党员个人品德、家庭美德、社会公德等各个方面，关系党的形象。

党员守纪律的同时，也要讲规矩。党内很多规矩是我们党在长期实践中形成的优良传统和工作惯例，经过实践检验，约定俗成、行之有效，反映了我们党对一些问题的深刻思考和科学总结，需要全党长期坚持并自觉遵循。党内规矩是党的各级组织和全体党员必须遵守的行为规范和规则。党内规矩包括四个方面：第一，党章是全党必须遵循的总章程，也是总规矩；第二，党的纪律是刚性约束，政治纪律更是全党在政治方向、政治立场、政治言论、政治行动方面必须遵守的刚性约束；第三，国家法律是党员、干部必须遵守的规矩；第四，党在长期实践中也形成了优良传统和工作惯例，"纪律是成文的规矩，一些未列入纪律的规矩是不成文的纪律；纪律是刚性的规矩，一些未明文列入纪律的规矩是自我约束的纪律"（习近平，2016：7）。

### （二）纪律建设的内涵

加强党的纪律建设，就是依据党章等党内法规和规矩，规范党员与党组织之间、党员干部与党组织之间、党员与党员之间、一般党员与党员干部之间、上级组织与下级组织之间、同级各组织之间、党内组织与党外组织之间等各种关系，明确定位和职责要求，增强党组织的整体性、有序性，更好地发挥各级党组织的核心领导作用（戴军，2015）。纪律建设是党的建设的重要组成部分，是党的建设的基础工程，伴随党的建设的全过程和各方面，党的政治建设与思想、组织、作风、制度建设和反腐败斗争都离不开纪律建设的保证。

新时代党的建设新的伟大工程，是政治立党、思想建党、组织强党、作风管党、纪律严党、制度治党、反腐败的有机整体。在这个有机统一体中，政治建设是本、思想建设是魂、组织建设是体、作风建设是形、纪律建设是尺、制度建设是矩、反腐败是治。其中，党的纪律作为党的各级组织和全体党员必须遵守的行为规则，纪律建设既有为维护党的团结统一、完成党的任务提供保证的质的规定性，又体现在党的建设的全过程和各方面，为政治建设、思想建设、组织建设、作风建设、制度建设和反腐败斗争提供规范和保障，促进不断提高党的建设质量。全面从严治党的要求涵盖党的建设"5＋2"的总体布局，需要纪律建设这条红线将其贯穿起来。只有把纪律建设作为一条红线贯穿其中，用纪律这个"重器"统政治、管思想、强组织、抓作风、建制度、反腐败，才能走活全面从严治党这盘大棋，收到牵一发而动全身的效果。

## （三）理顺纪法关系是纪律建设的重点

党和国家治理体系包括两个方面：一是依规治党，依据党章党规党纪管党治党建设党；二是依法治国，依据宪法、法律、法规治国理政。依规治党与依法治国相辅相成，但二者有一定的区别，需要纪法分开。党中央坚持全面从严治党，提出"把纪律和规矩挺在前面"，这是相对于在管党治党和党内法规中纪法不分、错把法律当底线而言的，要把纪律挺在法律的前面。十八届中央四中全会提出来党纪和国法的关系，纪严于法，纪在法前，实现纪法分开，这是党的建设认识的一次飞跃，是对 60 多年经验教训的一个总结，是管党治党的理念创新。

党纪严于国法，必须让纪律成为管党治党的尺子、不可逾越的底线。全面依法治国是中国共产党向人民作出的庄严承诺，模范遵守国家法律是党员必须履行的义务。在全面依法治国条件下，首先要解决管党治党靠什么的问题。法律是任何组织和个人必须遵守的底线。中国共产党是肩负神圣使命的政治组织，党的先锋队性质和执政地位决定了党规党纪必然严于国家法律。如果混淆了纪律和法律的界限，把违纪当成"小节"，认为党员不违法就没人管、不追究，就会造成"要么是好同志、要么是阶下囚"。各级党组织必须克服惯性思维，以纪律为戒尺，发现苗头就要及时提醒，触犯纪律就要立即处理。纪委决不能成为党内的"公检法"，执纪审查决不能成为"司法调查"，要依纪监督、从严执纪，真正把纪律立起来、严起来，执行到位。

"破法"必先"破纪"。一起起案例表明，落马领导干部出问题往往是从破坏规矩、违反纪律开始，进而违法。法律底线被践踏，往往是纪律红线一退再退的必然恶果，党员干部最终出"大"问题，往往始于破坏"小"规矩，把纪律规矩当成随意拉扯的"橡皮筋"。一顿饭、一包烟、一次批条等"小问题"看似不起眼，却违反了纪律规矩，也由此种下了腐败的"种子"（肖施，2015）。因此，只有加强纪律建设，把纪律和规矩挺到法律前面，强化党员干部的红线意识、底线意识，抓早抓小、防微杜渐，才能有效堵塞"小问题"酿成"大祸害"的漏洞，改变腐败发生、发展的轨迹，从源头上阻断不正之风和腐败滋生的通道，这就是治本。

全面从严治党，关心和爱护干部，必须把纪律和规矩挺在前面。党内很多不良状况的出现和问题的发生，往往都是从纪律意识淡薄、纪律约束松弛开始的。很多党员干部走上违法犯罪的道路，往往都是从破纪开始的。从"好同志"到"阶下囚"，从党员干部到罪犯，有一个很长的演变过程，也存在一个法律管不住的空间。一个案子成为大案要案，往往已经过数年甚至十数年发展的历程。如果追溯到问题发生之初，也可能就是一个小小的腐败萌芽。因为我们没有把纪律挺在前面，对于轻微的违纪重视不够、放任不管，最后小小的萌芽发展成大大的腐败。

## （四）实践监督执纪"四种形态"是纪律建设的核心要义

监督执纪"四种形态"，是全面从严治党实践、理论和制度创新的重要成果，也是纪律建设的核心要义。从 2015 年 9 月提出，通过近 3 年多的探索实践，"四种形态"已经成为全党的共识。在党的十九大上通过修正的党章第四十条指出，坚持惩前毖后、治病救人，执纪必严、违纪必究，抓早抓小、防微杜渐，按照错误性质和情节轻重，给予批评教育直至纪律处分的处理。运用监督执纪"四种形态"，让"红红脸、出出汗"成为常态，党纪处分、组织调整成为管党治党的重要手段，严重违纪、严重触犯法律的党员必须开除党籍。新版《中国共产党纪律处分条例》第五条将其变成了纪律规范。

　　"四种形态"是党的十八大以来贯彻惩前毖后、治病救人方针的创新举措，是把纪律挺在前面、加强纪律建设的具体路径，为全面从严治党提供了可操作的政策和抓手。用纪律管住权力，惩前毖后、治病救人，这才是对党员干部最大的关心和爱护。全面从严治党，不只是刑罚惩治极少数严重违纪并已涉嫌违法的人，更要用严明的纪律管全党、治全党。"四种形态"环环相扣、层层递进，是一个完整的监督执纪问责体系。"四种形态"分层阻拦，每种形态对应的问题严重性递增，而所涉人数递减，从根本上防止过去那种"要么是好同志、要么是阶下囚"现象发生。把握运用"四种形态"，要重点在第一种形态上下工夫，立足抓早抓小、防微杜渐，综合研判"树木"与"森林"关系，宽严相济，分类处置，经常开展批评和自我批评、谈话函询，让"红红脸、出出汗"成为常态，把管和治更多体现在日常，真正用纪律管住绝大多数，实现"全面"和"从严"的有机统一。

　　从全面从严治党的角度看，"四种形态"是管党治党到边到底的重要体现，是真正的全面从严，既用纪律标准教育管住全体党员特别是"关键少数"，又用纪律戒尺追究惩处违纪的党员和干部，达到拔"烂树"、治"病树"、护"森林"的目的。从实现反腐败标本兼治的角度看，实践"四种形态"并不是意味着反腐降调转向，恰恰是加大治党反腐力度、实现关口前移的体现。同时，也不能把实践"四种形态"简单地与过去所讲的搞预防为主等同而论。实践"四种形态"，是通过把纪律挺在前面，守住党纪这第一道防线，把反腐败工作提前到"破纪"之初，从而达到加强源头治理、消除腐败萌芽、遏制腐败增量的目的，并为减少腐败存量创造有利条件。这才是纪律建设的本旨所在。

## 三　新时代全面加强纪律建设的现实要求

　　新时代全面加强纪律建设，必须积极探索有效途径，需要从以下方面加以努力。

（一）纪法贯通，增强纪律建设的实践性

国家监察体制改革后，纪委监委合署办公，代表党和国家行使监督权和监察权，纪检监察两项职责要相互贯通、一体贯彻，既审查违纪问题，又调查违法犯罪问题；既考虑纪的因素，又考虑法的内容；既要做好纪法贯通，又要实现法法衔接。

所谓纪法贯通，主要是研究思考纪检监察机关内部工作流程再造的问题，建立统一决策、一体化运行的执纪执法权力运行机制，实现党纪处分与政务处分、执纪审查和依法调查的有序对接、相互贯通。法律是治国之重器，纪律是治党之戒尺。在全面依法治国和全面从严治党的大背景下，随着国家监察体制改革的深入推进，宪法修正案、监察法的颁布实施，纪委监委合署办公，履行纪律检查和国家监察两项职能，手握党规党纪、法律法规"两把尺子"，纪法双施双守。要清醒地认识到，党内监督与国家监察一体两面、相互促进。执纪与执法，既有区别又有一致性，必须贯通起来，在党的直接领导下，统一于推进全面从严治党和反腐败斗争的实践中。既要将党的领导体现在纪法贯通的全过程和各方面，又要通过纪法贯通加强党对反腐败工作的全面领导，使反腐败决策指挥体系、资源力量、手段措施等更加集中统一，有效加强对权力运行的制约和监督，真正把制度优势转化为治理效能。

纪法贯通，必须坚持纪法协同。纪检监察机关既执纪又执法，必须同时履行好监督执纪问责和监督调查处置双重职责，同向发力、精准发力，相互贯通、一体贯彻。一方面，要分清纪法界限，防止以纪律处分代替法律制裁，防止以刑事处罚代替党纪处分。另一方面，要推进纪法贯通、法法衔接。在内部建立统一决策、一体运行的执纪执法权力运行机制，使执纪审查和依法调查、党纪处分和政务处分、党内问责和监察问责精准有序对接，实现纪法贯通。在党委统一领导下，构建纪检监察机关与公安机关、检察机关、审判机关多环联动、协同配合的工作机制，实现法法衔接（兰琳宗，2018）。

所谓法法衔接，主要是监察法与刑法、刑事诉讼法，纪律处理、政务处分与刑事处理的衔接。国家监察法明确规定，"监察机关在收集、固定、审查、运用证据时，应当与刑事审判关于证据的要求相一致"。做好法法衔接，最重要的是纪检监察机关查办的涉嫌职务犯罪案件能够经得起司法审判的检验，在调查程序、取证标准、事实认定等方面要符合法律的规定。

国家监察体制改革后，迫切需要转变思维方式，培养增强法律意识、规矩意识、程序意识。要不断提高严格依纪依法开展审查调查工作的能力和水平，尤其是要在依法调查上下工夫，收集、固定、审查被调查人涉嫌职务犯罪的供述和辩解、证人证言、物证、书证等证据材料，严格遵循刑事审判关于证据的要求和标准，确保认定案件事实的证据依法取得，收集、固定的证据与提起公诉和刑事审判对证据的要求相一致，形成相互印证、完整稳定的证据链，确保犯罪事实清楚、证据确实充分，防止大而化之，避免出现非法证据被排除的情况。要树立正确的政绩观，坚持实事求是，宽严相济，移送司法机关涉嫌职务犯罪案件的证据不贪大求全，在不影响犯罪性质认定的前提下，把握好政策尺度，确保处理效果。

用好党纪和国法两把"尺子"，实现纪法贯通、法法衔接，各级纪检监察部门在履职过程中，要坚持遵循党章党规党纪和遵循宪法法律法规相统一。要认识到纪检机关是党内的"纪律部队"，执纪的依据就是党章党规党纪，监察机关作为行使国家监察职能的专责机关，履职的依据是宪法、监察法及相关法律。纪检监察机关合署办公，履行双重职责，实践中要善于把两把"尺子"结合起来、统一起来、贯通起来使用。

一是坚持纪法贯通。要建立统一决策、一体化运行的执纪执法权力运行机制，实现执纪审查和依法调查有序对接、相互贯通。纪法贯通要求我们同时熟练运用纪律和法律两把"尺子"，熟练运用纪律语言和法律语言两种语言，准确恰当地处理违反党纪和违法犯罪两类问题。国家监察体制改革后，依然要坚持纪在法前、纪严于法的原则，对党员干部的行为首先要用纪律的"尺子"进行衡量和认定，用纪律管住大多数党员干部，在此基础上用法律的"尺子"分析是否构成职务违法或职务犯罪。同时，要把纪律和法律的两把"尺子"都用到位，对所有涉嫌违纪、违法、职务犯罪的都要进行深入细致的审查和调查，该党纪处分的就给予党纪处分，该政务处分的就给予政务处分，该移送司法机关的就移送司法机关，切实体现全面从严、全面覆盖、错当其罚、罚当其错。

二是坚持法法衔接。重点做好四方面的衔接工作。第一，要在证据审查标准上做好法法衔接。要对接以审判为中心的刑事诉讼制度改革方向，严格按照刑事审判的证据标准审核处理职务犯罪案件，确保案件证据经得起公诉机关和审判机关的检验。纪检监察对职务犯罪案件的证据审核，要重点把握"证据法定、程序合法、证据确实充分、被调查人身份事实查清、犯罪事实查清、犯罪情节查清"六方面原则。特别是结合最高人民法院 2017 年 11 月发布的《人民法院办理刑事案件排除非法证据规程（试行）》，在移送检察机关前做好监察机关内部的非法证据排除工作，防止"带病"移送。同时，对移送检察机关的证据材料，要严格按照国家监察委员会移送最高人民检察院职务犯罪案件证据收集审查基本要求与案件材料移送清单的相关规定执行。第二，要在罪名认定和法条适用上做好法法衔接。准确分析被调查人的行为性质，对调查报告认定犯罪性质、罪名和适用的法条进行认真论证，同时要审核是否存在"漏罪"或"漏犯"的问题，监察机关要提前把好这道关口，确保定性准确、处理恰当。第三，要在量刑情节上做好法法衔接。公诉机关和审判机关对被调查人有无法定的从重、从轻、减轻或者免除处罚的情节及酌定从重、从轻情节都要进行审查。对调查部门所提的被调查人构成自首、立功、坦白等情节的，要结合证据状况进行仔细研判，提出明确意见。第四，要在移送程序上做好法法衔接。根据国家监察委员会与最高人民检察院办理职务犯罪案件衔接办法，最高人民检察院工作小组提前介入所提书面意见由纪检监察机关案件审理室进行审核，需要补证的，按程序报批后交由调查部门补证。国家监委决定移送的案件，由案件审理室制作《起诉意见书》移交案件监督管理室，再由其出具移送函，连同《起诉意见书》一并移送最高人民检察院。要根据国家监察委员会管辖规定，准确把握监察机关级别管辖、地域管辖、指定管辖的范围，会同审查部门提前做好监察管辖与审判管辖的协调工作，确保移送工作衔接顺畅（陈国猛，2018）。

### （二）着力提高纪律建设的政治性、时代性、针对性

新时代的纪律建设，要着力提高政治性。党的十九大明确提出把党的政治建设摆在首位，强调党的政治建设是党的根本性建设，决定党的建设方向和效果。党的十八大以来发现的管党治党的所有问题，从本质上看都是政治问题，都是"四个意识"不强的问题，是对党不忠诚、不老实的问题。要紧紧围绕党中央和习近平总书记关于加强新时代党的建设总要求，把政治建设摆在首位，把坚决维护以习近平同志为核心的党中央权威和集中统一领导作为出发点与落脚点，作为根本的政治纪律和政治规矩，对管党治党中的突出问题，特别是习近平总书记反复强调的"七个有之"问题做出更有针对性的规定，不断完善制度。

新时代的纪律建设，要着力提高时代性。党的十八大以来，党中央坚持以人民为中心的发展思想，着眼于解决人民最关心、最直接、最现实的利益问题，提出了一系列新要求，做出了一系列新部署。习近平总书记指出，人民对美好生活的向往，就是我们的奋斗目标。要贯彻以人民为中心的发展思想，紧密结合新时代新使命新要求，对侵害人民群众利益的问题，增加相应处分规定，为实现"两个一百年"奋斗目标、实现中华民族伟大复兴的中国梦提供坚强纪律保障。

新时代的纪律建设，要着力提高针对性。党的十八大以来，以习近平同志为核心的党中央全面加强党的领导和党的建设，全面从严治党取得卓著成效，反腐败斗争压倒性态势已经形成并巩固发展。同时也要清

醒地认识到，立案审查的违纪违法案件暴露出的问题仍然不容忽视。要坚持问题导向，针对管党治党的突出问题和监督执纪中发现的新型违纪行为，进一步总结实践经验，凝练为纪律规定，扎紧制度篱笆，促使广大党员明规矩、存戒惧、守底线（马森述，2018）。

（三）完善纪律规章，实现制度的与时俱进，增强纪律建设的规范性

全面依法治国的关键，是"把权力关进制度的笼子里"；有纪可依是严明纪律的前提。党内法规建设是纪律建设的重要保证。要扎紧制度的笼子，进一步把权力关进制度的笼子。习近平总书记多次强调，要善于用法治思维和法治方式反对腐败，加强反腐败国家立法，加强反腐倡廉党内法规制度建设，让法律制度刚性运行。反腐倡廉法规制度是中国特色社会主义法治体系的重要组成部分，是推动全面从严治党向纵深发展的重要制度保障。在党中央坚强领导下，反腐倡廉法规制度建设取得显著成效，保障和规范纪检监察机关履行监督执纪问责和监督调查处置双重职责方面的基础性、主干性法规制度逐步健全完善，对坚定不移全面从严治党、形成并巩固发展反腐败斗争压倒性态势发挥了重要作用。党的十八大以来，面对依然严峻复杂的反腐败斗争形势，习近平总书记明确指出，"铲除不良作风和腐败现象滋生蔓延的土壤，根本上要靠法规制度"，"只有建好制度、立好规矩，把法规制度建设贯穿到反腐倡廉各个领域、落实到制约和监督权力的各个方面，发挥法规制度的激励约束作用，才能筑起遏制腐败现象滋生蔓延的'堤坝'"。强调必须坚持思想建党和制度治党相结合，坚持依规治党和以德治党相统一，全方位扎紧制度笼子；强调必须坚持依法治国与制度治党、依规治党统筹推进、一体建设；强调加强党内法规制度执行力建设，坚决维护制度的严肃性和权威性，防止"破窗效应"和"稻草人"现象。习近平总书记的重要论述，为加强反腐倡廉法规制度建设指明了方向。

从严执纪，需要把纪律挺在前面，也需要有更加完善的纪律体系，

为从严执纪提供坚实的制度基础。没有完善的党内法规体系，制度的笼子就会出现漏洞及监督空白，"牛栏关猫"也就在所难免。面对严峻复杂的反腐败形势，新时代的纪律建设，要进一步加强和规范党内政治生活，不断强化监督，把监督作为第一职责，严格行为规范，强化对违纪违法行为的惩戒，不断规范反腐败领导体制和工作机制，规范工作程序，强化内部监督，有效保障党员权利，进一步加强反腐败国际合作。要在思想教育、干部管理、监督检查等方面有针对性地建章立制，把制度的篱笆扎得更紧。必须以习近平新时代中国特色社会主义思想为指导，坚决贯彻落实习近平总书记指示要求，并将其及时落实到反腐倡廉法规制度中，形成一体遵循的行为规范，以永远在路上的恒心和韧劲，一刻不停歇地推进反腐倡廉法规制度建设，持续推动形成内容科学、程序严密、配套完备、运行有效的反腐倡廉法规制度体系，推动全面从严治党、党风廉政建设和反腐败斗争不断取得新成效。

（四）强化纪检监察机关的监督责任，增强纪律建设的专责性

新时代加强纪律建设，迫切需要强化纪检监察机关的监督职能。纪检监察机关是党内监督的专责机关和履行监察职能的专责机关，实行合署办公，既审查违纪问题，又调查违法犯罪问题，既考虑纪的因素，又考虑法的内容，要依托纪检、拓展监察、衔接司法。无论是纪委，还是监委，监督都是第一职责、首要职责。纪检监察机关作为政治机关，监督的定位必然首先是政治监督，监督的重点就是看党的领导是否弱化、党的建设是否缺失、全面从严治党是否有力，就是看管党治党政治责任是否落实。纪委的监督、执纪、问责与监察委的监督、调查、处置，既有区别，又有一致性，但根本上统一于如何更好推进全面从严治党、党风廉政建设和反腐败斗争，统一于全面依法治国。各级监察委员会有很重要的监督职能，是代表党和国家权力机关，依照宪法、监察法和有关法律法规，监督所有公职人员行使公权力的行为是否正确，确保权力不被滥用。

　　纪委的监督和监察委的监督在指导思想、基本原则上是高度一致的，目的都是为了惩前毖后、治病救人，抓早抓小、防微杜渐，防止党员干部和公职人员要么是"好同志"、要么是"阶下囚"。高压态势是分层级的，最高层级是惩治犯罪，中间有惩处违法和惩处违纪，还有一个层级就是不让犯错误。不能以单纯办案作为主旨，只管集中打击腐败分子，而不去遏制腐败蔓延的势头，不抓早抓小遏制更多的腐败分子产生。我们一定要加强监督职责，补齐这个短板。作为纪检监察机关，必须切实提高政治站位，把政治监督挺在前面，深化构建集纪律监督、监察监督、派驻监督、巡视巡察监督于一体的全覆盖监督体系，不断创新监督方式方法，聚焦"关键少数"，聚焦政治生态状况，重点在"常"和"长"上下工夫，全面加强主动监督、日常监督，真正形成监督的高压态势，进一步推动各级党组织和党员领导干部真抓真管、严抓严管、善抓善管，切实维护好整片"森林"的肌体健康。

　　当前，各级纪检监察机关必须深入学习贯彻习近平新时代中国特色社会主义思想和党的十九大精神，增强"四个意识"，坚定"四个自信"，坚决维护习近平总书记党中央的核心、全党的核心地位，坚决维护党中央权威和集中统一领导，着眼于健全党和国家监督体系，一体推进党的纪律检查体制、国家监察体制和纪检监察机关机构改革，推动制度优势转化为治理效能，为全面从严治党和反腐败斗争向纵深发展提供有力保证。要承担起"两个维护"政治责任，确保党中央决策部署落到实处。坚持和加强党的全面领导，进一步完善党领导反腐败工作的体制机制。健全党和国家监督体系，探索党长期执政条件下强化自我监督的有效途径。坚持以人民为中心谋划和推进改革，不断增强人民群众获得感。把制度优势转化为治理效能，实现纪检监察体制改革高质量发展。推进纪检监察机关自身改革，建设让党放心、让人民信赖的纪检监察铁军。

　　同时要按照中央的要求，努力推进纪检监察工作程序化、制度化、规范化。要研究思考纪检监察机关内部工作流程再造的问题，建立统一决策、一体化运行的执纪执法权力运行机制，实现执纪审查和依法调查有序对接、相互贯通。监督执纪工作规则为规范纪委监督执纪问责工作打下了坚实基础。国家监察委组建后，监督执纪工作规则总体精神仍然适用，但同时要适应纪法贯通的新要求，考虑各个环节，有哪些可以继续适用，哪些需要修改完善，进一步健全相关工作机制。

各级纪检监察机关发挥好党内监督和国家监察专责机关作用，既要在同级党委和上级纪委领导之下，挺直腰杆、瞪大眼睛，勇于监督、秉公执纪；又要在职责范围内，加强对下级纪委开展日常监督、处置问题线索等工作的领导。要强化高校、国有企业纪检机构监督作用。深化派驻机构改革，赋予派驻机构监察职能，明确派驻机构监察权限和工作程序，完善地方纪委向同级党和国家机关派驻纪检机构全覆盖，强化监督职责，发挥"探头"作用。

（五）强化党委的主体责任，增强纪律建设的主体性

各级党委必须找准在全面从严治党中的定位，切实肩负起加强纪律建设的主体责任，把守纪律、讲规矩摆在更加重要的位置。管党治党是政治责任，是党委的主体责任。2018 年 10 月实施的《中国共产党纪律处分条例》将履行全面从严治党主体责任失职由原来的工作纪律调整到政治纪律，目的是坚持有权必有责，有责要担当，失责必追究，促使党组织和党员领导干部守土有责、守土负责、守土尽责，保证管党治党主体责任和监督责任落到实处。将履行"两个责任"上升到政治纪律层面，为推进全面从严治党提供有力保障。

党章明确地规定了强化管党治党的主体责任和监督责任，强调对党的领导机关和党员领导干部，特别是主要领导干部的监督要不断完善。《关于新形势下党内政治生活的若干准则》也明确规定，落实党委的主体责任和纪委的监督责任，要强化责任追究党委的主要负责人，要认真履行第一责任人的责任。党内监督条例也有相关的规定，都明确规定了书记是第一责任人，党委常委会和党委委员在职责范围内履行监督的责

任，问責条例也有明确的要求。当然全面从严治党的主体责任，不仅仅是书记一个人的责任，它是整个党委班子党组成员，是每一个人的共同责任，也就是说班子成员和党组成员每一个人都负有各自的主体责任，每一个人都担负着主体责任。

党面临的形势越复杂、肩负的任务越艰巨，就越要加强纪律建设。要求各级党委落实主体责任，把纪律和规矩挺在法律前面，立起来、严起来、执行到位。立起来，就要扎紧党纪党规篱笆，把领导干部的权力关进制度的笼子；严起来，就要抓早抓小、防微杜渐，切实抓好对党员干部日常的教育、监督和管理，发现违纪违规苗头马上去管，触犯了纪律就及时处理；执行到位，就要领导和督促纪委，切实加强监督执纪问责，把执行纪律抓细抓实，使纪律真正成为"带电的高压线"。要盯住"关键少数"，切实加强党内监督，把党内监督的各项措施落到实处。党委主要负责人作为加强纪律建设的第一责任人，必须以身作则、以上率下，坚持原则、敢抓敢管，带头严格遵守纪律，在落实责任上把自己摆进去，把"同党中央保持高度一致"的承诺，变成实实在在的严明纪律的行动（原晓红，2015）。

履行主体责任，要继续持之以恒正风肃纪，切实加强作风建设。中国共产党来自人民、植根人民、服务人民，一旦脱离群众，就会失去生命力。加强作风建设，必须紧紧围绕保持党同人民群众的血肉联系，增强群众观念和群众感情，不断厚植党执政的群众基础。凡是群众反映强烈的问题都要严肃认真对待，凡是损害群众利益的行为都要坚决纠正。坚持以上率下，巩固拓展落实中央八项规定精神成果，继续整治"四风"问题，坚决反对特权思想和特权现象（赵乐际，2018）。深化政治巡视，坚持发现问题、形成震慑不动摇，建立巡视巡察上下联动的监督网。

党委要加强纪律教育，使铁的纪律转化为党员、干部的日常习惯和自觉遵循。党的纪律是外在的强制性约束，更是发自内心的自觉尊崇。加强纪律教育，关键是提高针对性和实效性，真正做到入脑入心，把守纪律讲规矩变成一种习惯、一种觉悟。要创新教育方式，既要把遵守纪律与党性宗旨、理想信念的关系讲清楚，要大力发挥先进典型的引领示范作用，也要发挥警示教育的作用。党员干部应摒弃"看戏"心态，从中汲取教训，防患于未然。只有把纪律内化于心、外化于行，才能把共产党员"理想＋纪律"的"真正优势"发挥出来。

（六）保持反腐败高压态势，增强纪律建设的保障性

人民群众最痛恨腐败现象，腐败是中国共产党面临的最大威胁。只有加强纪律建设，以反腐败永远在路上的坚韧和执着，深化标本兼治，为确保党和国家长治久安提供坚强的纪律保障，才能跳出"历史周期率"。要坚持无禁区、全覆盖、零容忍，坚持重遏制、强高压、长震慑，坚持受贿行贿一起查，坚决防止党内形成利益集团。完善市县党委巡察制度，加大整治群众身边腐败问题力度。继续紧盯重点领域和关键环节，着力解决选人用人、审批监管、资源开发、金融信贷、大宗采购、土地出让、房产开发、工程招投标以及公共财政支出等方面的腐败问题，不断增强震慑遏制作用。当前反腐败斗争形势依然严峻复杂，特别是政治问题和经济问题交织、区域性腐败和领域性腐败交织、用人腐败和用权腐败交织、"围猎"和甘于被"围猎"交织等问题依然突出，全面从严治党依然任重道远。反腐败是一场输不起的斗争，决不能半途而废、功亏一篑，必须坚定不移、精准有序，更有效地遏制增量，更有力地削减存量，夺取反腐败斗争的压倒性胜利（赵乐际，2018）。

国际追逃追赃不停步，不管腐败分子逃到哪里，都要缉拿归案、绳之以法。"老虎"露头就要打，"苍蝇"乱飞也要拍。要推动全面从严治党向基层延伸，严厉整治发生在群众身边的腐败问题。要把扫黑除恶同反腐败结合起来，既抓涉黑组织，也抓后面的"保护伞"。重点整治侵害群众利益的"蝇贪"。把惩治"蝇贪"同扫黑除恶结合起来，坚决查处涉黑腐败，坚决惩治放纵、包庇黑恶势力甚至充当"保护伞"的党员干部，以维护群众切身利益的扎实成效取信于民。

（七）严格执纪，精准问责，增强纪律建设的严肃性

制定纪律就是要执行的，法规制度的生命力在于执行。执纪必严、违纪必究，是全面加强纪律建设的必然要求。习近平总书记反复强调，"遵守党的纪律是无条件的，要说到做到，有纪必执，有违必查"，"纪律面前一律平等，党内不允许有不受纪律约束的特殊党员"。党的十八大以来，全面从严治党成效卓著，一个极其重要的经验就在于紧紧抓住了加强纪律建设这个治本之策。

党的纪律是自觉的纪律，又是铁的纪律。90 多年来，中国共产党之所以能够保持先进性和纯洁性，一条重要经验就是把反映全党统一意志的铁的纪律变为广大党员的自觉行动，同时充分运用党的纪律，对违反党章和各项党内法规、损害党和人民利益的行为，及时予以处置和纠正。要认真学习党章党规党纪，把党的纪律和规矩刻印在全体党员特别是党员领导干部的心上。纪律建设，要强化纪律执行。明制度于前，重威行于后。要说到做到，有纪必执，有违必查，不能把纪律作为一个软约束或是束之高阁的一纸空文。党员干部任何时候、任何情况下都不越界、不越轨、不越底线。严守纪律、严明规矩，各级党组织必须十分明确地强调、十分坚定地执行，各级领导干部更应以身作则、以上率下。如果管党不力、治党不严，纪律松弛、组织涣散，正气上不来、邪气压不住，人民群众反映强烈的党内突出问题得不到及时有效解决，那么中国共产党迟早会出大问题。

抓纪律建设，抓住主体责任就是抓住了牛鼻子。主体责任到位，纪律建设就抓得起来，全面从严治党才有保证。要紧紧咬住"责任"二字，从党风廉政建设主体责任到全面从严治党主体责任，不只是字面上的变化，更是实践的发展、认识的深化。党章修正案规定，强化管党治党主体责任，要求党组"加强对本单位党的建设的领导，履行全面从严治党责任"。这就从党章层面明确了管党治党主体责任——从党中央到省市县党委，从中央部委、国家机关部门党组（党委）到基层党支

部，都要负起主体责任，绝不能当"甩手掌柜"。2016年7月实施的《问责条例》，明确了问责的对象、内容和方式方法，为强化问责提供制度利器，要继续贯彻落实。要从中央部委和省一级抓起，通过约谈督促、报告工作、严肃问责等方式，一级抓一级，层层传导压力，督促党组织切实担负起管党治党政治责任。

各级党委、党组和领导干部既是党内监督的对象，也是管党治党的主力，不能当老好人，要扛起全面从严治党主体责任，拿起党的纪律武器，真管真严、敢管敢严、长管长严。各级纪委要立足本职抓纪律，发挥党内监督专责机关作用，强化监督执纪问责。对党的领导弱化、党的建设缺失、从严治党责任落实不到位的，对维护党的政治纪律和政治规矩失责、贯彻中央八项规定精神不力、选人用人问题突出、腐败问题严重、不作为乱作为的，要敢于问责、曝光典型问题；对该问责而不问责的，也要严肃问责。

（八）严肃党内政治生活，净化党内政治生态，增强纪律建设的目的性

党要管党必须从党内政治生活管起，从严治党必须从党内政治生活严起。开展严肃认真的党内政治生活，既是党的优良传统和政治优势，也是保持马克思主义政党先进性、纯洁性的根本要求，还是开展纪律建设的根本目的。当前，党内政治生活状况发生了积极变化，但是仍存在一些亟须解决的突出问题。要紧紧围绕保证全党服从中央、坚持党中央权威和集中统一领导这一党的政治建设首要任务，严格执行新形势下党内政治生活若干准则，积极开展批评和自我批评，增强党内政治生活的政治性、时代性、原则性、战斗性。加强对党内政治生活状况、党的路线方针政策执行情况、民主集中制等各项制度执行情况的监督检查，推动各级党组织和全体党员遵守党章党规，坚决落实党的基本理论、基本路线、基本方略。紧盯"关键少数"，督促各级领导干部自觉加强党性锻炼，把对党忠诚、为党分忧、为党尽职、为民造福作为根本政治担

当，不断提高政治觉悟和政治能力。严格请示报告制度，做到步调一致、令行禁止。

要把严肃党内政治生活作为全面从严治党、加强纪律建设的基础工作，加强监督检查，推动各级党组织和全体党员遵守党章党规，健全完善党内政治生活制度，用好组织生活这个重要载体，认真落实"三会一课"、民主生活会、党员领导干部双重组织生活、谈心谈话等制度，经常开展专题党日活动、政治家访。要紧盯"关键少数"，督促各级领导干部自觉加强党性锻炼，使党内政治生活真正成为锤炼党性的"大熔炉"。

要严明政治纪律和政治规矩。习近平总书记指出的无视党的政治纪律和政治规矩的"七个有之"有的放矢，有着很强的现实针对性。要防范和解决党内政治生活中的突出问题，对"七个有之"问题高度警觉，坚决清除对党不忠诚不老实、阳奉阴违的两面人、两面派，坚决同危害党中央权威和集中统一领导的行为做斗争；坚决反对和纠正个人主义、分散主义、自由主义、本位主义、好人主义，对结党营私、拉帮结派、搞圈子文化、码头文化的严肃查处、决不姑息；坚决防止党内形成利益集团攫取政治权力，坚决防止山头主义和宗派主义危害党的团结、破坏党的集中统一。

要涵养政治文化。要着眼实际，发展积极健康的党内政治文化，教育引导广大党员干部自觉树立新时代共产党人价值观，修好共产党人的"心学"。要传承中华优秀传统文化，弘扬革命精神，推进廉政文化建设。要注重家风建设，促进领导干部严家教正家风。要实施"政治生态'净土'行动"，坚决抵制和反对庸俗关系学、官场术、"潜规则"，深入整治圈子文化和好人主义，自觉抵制商品交换原则对党内生活的侵蚀，以良好政治文化涵养风清气正的政治生态。

全面净化党内政治生态是新形势下管党治党、加强纪律建设的关键。把纪律和规矩挺在前面，就是着眼长远的战略考量。要完成重构政治生态的任务，必须在拔"烂树"的同时，着力治"病树"、正"歪树"，不断净化"森林"。只要我们坚持用纪律的尺子丈量党员干部的行为，发现苗头就及时提醒，触犯纪律就及时处理，把纪律管到位、严到份，"烂树""病树""歪树"就必将减少，政治生态就会往好的方面发展。要整体把握地区、部门、单位的政治生态状况，注重动态分析判断，聚焦政治立场、政治原则、政治担当和政治纪律，强化监督执纪问责。弘扬忠诚老实、公道正派、实事求是、清正廉洁等价值观。严把选人政治关、廉洁关、形象关，严密防范和严肃查处拉票贿选、破坏选举等行为。将选人用人情况作为日常监督、巡视监督、派驻监督重点，扎实做好基础工作，动态更新重点岗位一把手和后备干部廉政档案资料库，把好党风廉政意见回复关，确保落实好干部标准、树立正确用人导向。

（九）深化构建不敢腐、不能腐、不想腐的体制机制，增强纪律建设的系统性

"三不机制"，是一个力求标本兼治的过程，也是对反腐败工作的长期规划。形成"三不机制"，是在研究腐败发生内在机理基础上提出的有效对策，也是增强党的纪律建设整体性、系统性的迫切需要。要坚定信心决心，保持高压态势，加大惩治力度，强化不敢腐的震慑。深化标本兼治，总结审查调查、巡视巡察中发现的体制机制问题和制度漏洞，推动完善相关党内法规，推进反腐败国家立法，推动各地区各部门改革体制机制、健全规章制度，规范领导干部配偶、子女及其配偶经商办企业行为，通过深化改革和完善制度切断利益输送链条，扎牢不能腐的笼子。加强思想道德和党性教育，坚定理想信念宗旨，弘扬优秀传统文化，增强"四个自信"，解决好世界观、人生观、价值观这个"总开关"问题，增强不想腐的自觉。

（十）建设廉洁政治，增强纪律建设的前瞻性

"建设廉洁政治"是我们党一以贯之的政治追求。早在1941年，

我们党在陕甘宁边区施政纲领里就明确提出要"厉行廉洁政治"。1947
年 10 月,毛泽东同志在中国人民解放军宣言中,把"肃清贪官污吏,
建立廉洁政治"作为党的一条重要政策。1989 年 9 月,邓小平同志明
确提出,在整个改革开放过程中都要反对腐败,搞廉洁政治。1993 年 8
月,江泽民同志在十四届中央纪委第二次全会上的讲话中指出:"我们
要善于总结经验,反对腐败,搞廉洁政治。"2005 年 1 月,胡锦涛同志
在十六届中央纪委第五次全会上的讲话中重申要建设廉洁政治。十八大
报告进一步指出,"反对腐败、建设廉洁政治,是党一贯坚持的鲜明政
治立场,是人民关注的重大政治问题",并提出要"做到干部清正、政
府清廉、政治清明"。明确"建设廉洁政治"的战略目标,使中国共产
党政权建设的方向更加明确,有利于我们以更高的站位、更宽的视野、
更大的力度推进党和国家各项工作,也更加彰显了中国共产党的政治追
求与政治决心。

　　"建设廉洁政治"始终是中国共产党不懈的追求。始终不懈加强党
的纪律建设,既是确保党始终保持先进性与纯洁性的重要途径,也是建
设廉洁政治的重要政治保证。90 多年来,围绕党和国家中心工作,适
应不同时代执政的内外环境,中国共产党解放思想、实事求是、与时俱
进、求真务实,不断深化对纪律建设特点和规律的认识,探索出一条具
有中国特色的廉洁政治建设道路,为党和国家各项事业持续发展进步提
供了坚实保障。面向未来,我们要继续加强党的纪律建设,使纪律严起
来、立起来,为推动全面从严治党,为实现廉洁政治,为决胜全面建成
小康社会、夺取新时代中国特色社会主义伟大胜利,营造风清气正、海
晏河清的良好环境。

**参考文献**

《毛泽东文集》第 5 卷,人民出版社,1996。

陈国猛,2018,《忠诚履职,与时俱进,努力开创案件审理工作新局面》,《党风廉政建

设》（内刊）第 6 期。

陈理，2016，《全面从严治党　重在加强纪律建设》，《中国纪检监察杂志》1 月 9 日。

戴军，2015，《严明党的纪律在管党治党中的重要作用》，《中国纪检监察报》5 月 12 日

《邓小平文选》第 3 卷，1993，人民出版社。

高永中，2015，《党章与纪律建设的历史回顾》，《中国纪检监察报》7 月 28 日。

兰琳宗，2018，《把执纪和执法贯通起来》，《中国纪检监察报》8 月 28 日。

罗宇凡，2016，《正风肃纪，把纪律挺在前面》，新华社，2 月 3 日。

马森述，2018，《深刻领会〈中国共产党纪律处分条例〉修订的重大意义》，《中国纪检监察杂志》9 月 7 日。

舒国增，2017，《切实加强党的纪律和纪律建设》，《求是》12 月 11 日。

王岐山，2015，《坚持高标准，守住底线，推进全面从严治党制度创新》，《中国纪检监察报》10 月 23 日。

吴文珑，2018，《纪律严明是党的光荣传统和独特优势》，《光明日报》11 月 5 日。

习近平，2014a，《习近平谈治国理政》，外文出版社。

习近平，2014b，《在党的群众路线教育实践活动总结大会上的讲话》，《人民日报》10 月 9 日。

习近平，2016，《习近平关于严明党的纪律和规矩论述摘编》，中央文献出版社。

肖施，2015，《纪律建设是治本之策》，《中国纪检监察杂志》5 月 11 日。

原晓红，2015，《党委要负起抓纪律建设的主体责任》，《中国纪检监察杂志》5 月 12 日。

赵乐际，2018，《在中国共产党第十九届中央纪律检查委员会第二次全体会议上的工作报告》，《中国纪检监察报》2 月 13 日。

廉政学研究　第 2 辑

第 32～55 页

© SSAP, 2018

# 政治嵌入对于反腐败信心的影响

## ——基于 2017 年全国廉情调查数据的倾向得分匹配分析

倪　星　马珍妙*

**摘　要：**现有研究表明，政治嵌入与清廉感知存在相关性。但是，政治嵌入本身存在选择效应，即选择被吸纳到政治体制的人本身可能就具有对于体制的信心，而组织也会选择有特定特征的个体。因而，必须剔除掉选择效应之后，才能准确评估政治嵌入本身对反腐败信心的影响。本文采用倾向得分匹配的方法，通过分析 2017 年全国廉情调查数据发现，在控制选择效应的情况下，政治嵌入对于各级政府的反腐败信心的影响略微有所下降，但都始终存在积极且显著的影响。而且，与有索贿经历的个体相比，没有索贿经历的个体的政治嵌入对于反腐败信心的积极影响更为显著。此外，不同类型的公共部门的政治嵌入对反腐败信心的影响也有差异性，呈现出横向的差序格局。其中，党政部门政治嵌入的积极影响最为显著，而国企最弱。

---

\* 作者简介：倪星（1969－　），男，湖北随州人，中山大学中国公共管理研究中心、政治与公共事务管理学院教授，博士研究生导师，从事组织与人事管理、绩效管理、廉政政策等研究；马珍妙（1988－　），男，广西南宁人，中山大学中国公共管理研究中心、政治与公共事务管理学院博士研究生，从事组织理论、廉政政策等研究。

**关键词**：政治嵌入；反腐败信心；倾向得分匹配；廉情

## 一 问题的提出

2012 年以来，反腐败运动席卷中国大地，近几年来取得了令人瞩目的成绩。2014 年以来，每年落马的"老虎"① 数量都上 2 位数。单就 2018 年上半年而言，就已经有 10 名中管干部、162 名厅局级干部落马，有超过 2.7 万余人因违反"八项规定"精神而被进行相应的处理（李贞，2018）。但是，反腐败不仅是纪委部门的工作和责任，实际上，反腐败也应该且必须获得社会广泛的支持和信任，以此为政策执行奠立坚实的合法性基础，换句话说，只有社会嵌入性的反腐败治理（Sociality Embedded Anit-Corruption）才能够根治腐败（Gong and Xiao，2017）。那么，社会各界对于这种反腐败的态度如何呢？近年来，开始有学者关注到了政治嵌入与腐败感知之间的关系（孙宗锋，2017），但很少有文献进一步探讨政治嵌入与反腐败信心的影响，而且也没有区分政治嵌入的内部差异和分化。感知是一种对现状的评价，而信心则是对未来的一种期待，对于政府的反腐败信心和反腐败成效的评价关乎未来的反腐败行动成功与否（Li，Gong & Xiao，2016），所以，与清廉感知相比，反腐败信心或许更能够成为个体参与反腐败行动的动机。如果公众对于政府的反腐败运动缺乏信心，政府反腐败行动可能就会缺乏广泛的社会支持。作为嵌入政治体制之中的个体，政府工作人员是公共服务的直接提供者，他们的反腐败信心更是在很大程度上决定着中国反腐败运动成功与否。由于嵌入政治体制中，他们可能因为比其他非参与者更能够体验到政府反腐败工作的任重道远而缺乏信心；此外，由于中国的官僚组织拥有高度政治教化和动员的能力，在组织社会化（Organizational Socialization）的作用之下，那么他们也可能比其他群体对政府反腐败具有更高自信。不过需

---

① 本文中的"老虎"指的是违反法律或纪律受到查处的级别较高的中管干部。

要注意的是，这种政治嵌入性不是随机和外生的，在现实世界当中，不仅存在行政部门吸纳个体的可能性，个体也有冲动和努力进入行政体制之中（Kjeldsen，2013）。Olken 和 Pande（2012）也认为，政府官员的自我选择对于腐败的影响是未来腐败研究的一个重要方向。例如，Ferraz、Finan、Moreira（2012）等通过对巴西的分析发现，高工资可以吸引优秀的申请者来政府求职，控制其他条件不变的情况下，工资增加 20%，申请者的受教育年限就会提高 0.2 年（Moreira，2012）。再加上问卷观测数据的自我汇报的特质（Winship and Morgan，1999），使得政治嵌入带有较强的选择特征，如果直接通过线性回归来探寻政治嵌入与反腐败信心间的因果关系，就可能会出现严重的偏误。因而，本文将采用倾向得分匹配（Propensity Score Matching）方法来评估政治嵌入对于反腐败信心的影响。

本文所指的政治嵌入仅仅是个体嵌入政府组织之中，同时这种嵌入以行政职务的嵌入（党政机关、事业单位以及国有企业）为主要形式，而不包括党员形式的嵌入。因为根据 Walder 等（1995）的观点，党员身份是获得行政职务的必要但不充分条件，而在中国政府行政工作作为一种职业，其所呈现出的政治嵌入更为常态和稳定。而且，近年来，中国的党员来源结构非常丰富，涵盖各行各业（Sato，2008）。中组部党内统计数据显示，截至 2017 年底，中国共产党党员总数为 8779.3 万名；而根据《2015 年度人力资源和社会保障事业发展统计公报》，截至 2015 年底，全国共有公务员 716.7 万人。由此可见，并不意味着所有的党员都能够直接地、完全地嵌入政治体制。

## 二 研究设计

### （一）文献回顾以及研究假设

#### 1. 政治嵌入与反腐败信心

Granovetter（1985）的"嵌入说"反对那种支持个体独立的观点，

他认为，个体的行为和制度受到当前社会关系结构的约束，"过度社会化"和"社会化不足"的论点都忽视了社会关系结构，复杂的经济活动并不是绝对独立和自由的，个体必须考虑到他所嵌入的关系结构。在此基础上，一些学者通过构建和论证"政治嵌入"（political embeddedness）的概念进而扩展了 Granovetter 的结构嵌入研究（Prechel，2003）。根据 Michelson 的观点，与国家直接的或间接的，个人的或者组织的关系，应该概念化为政治嵌入（Michelson，2017）。而且，政治嵌入对于个体或者组织来说可能是一个悖论，尤其是在转型社会中，个体与政府建立关系和信任，嵌入有助于降低转型社会中所固有的制度不确定性，同时获得非对称的信息和政治资源（Haveman，2012）。但是，嵌入的关系可能又会阻碍组织对外部变革的快速回应等（Uzzi，1997）。例如，Harland 和 Theresa（2017）在组织 – 政治嵌入理论的指导下，以安然事件中国家与企业组织的关系为案例进行分析发现，对于投资者的资本依赖使得企业组织参与到金融不端的活动之中，同时多层级的隶属关系和政治结构也为企业参与金融不端活动提供了机会。也就是说，企业对于政府的嵌入有利于创造机会让管理者实现其自身和公司的利益（Prechel and Morris，2010）。此外，一些学者也指出，腐败是一种社会性的疾病，几乎对社会每个角落的每一个人都有影响，因而，如果要控制腐败，就要建立起社会嵌入性的反腐败渠道（Gong and Xiao，2017）。正如前面一些学者所说，个人与国家的关系也可以是嵌入式的。具体到中国的反腐败运动之中，如果个体嵌入政治体制中，那么其个人利益的实现和资源的获得同样受到政治体制和组织的结构性约束，他的言行就会受到组织制度文化和社会期望的规范与约束。而且，个体最初在进入政府部门工作的时候，就存在明显的选择效应。在公共部门就职实际上是一个组织和个人双向选择的过程，也就是说，除了申请者的主动靠拢外，政府组织也会倾向于选择符合其价值理念和工作任务需求的人员。即使控制住选择效应之后，公共部门的组织社会化过程对于个体的发展同样有着深刻的影响，公共部门的组织社会化是一个向组织成员传播公共制度逻辑和公共服务动机的重要机制（Brewer，2008），公共部门的组织成员需要培养和展现出忠诚和公共利益导向的特征，以此向社会公众和政务官争取合法性支持，进而维系组织的存续和发展。相比之下，私营部门的组织社会化过程则是市场导向的逻辑，因为私营部门的存续和发展根本上取决于其营利的能力，这更多与其面对的特定客户群体的利益相关，而它们并不太关注普通社会公众的利益（Andersen and Serritzlew，2012）。例如，Kjeldsen 和 Jacobsen 采用丹麦大学生的面板数据跟踪这些学生在公共部门或者私营部门就职前后的变化，他们在统计上发现，公共服务动机（Public Service Motivation）并不是吸引（attraction）学生进入公共部门的原因，在进入职场之后公共服务动机反倒会削弱，这种削弱效应几乎在所有类型的部门都存在。但是，公共部门的组织成员身份使得个体的公共服务动机比私营部门削弱的速度要慢（Kjeldsen and Jacobsen，2013）。也就是说，公共部门的社会化过程对于公共服务动机的弱化有着调节和减缓的作用。中国共产党在早期的抗战中为了服务于革命动员，逐渐建立起一套严密的意识形态理论，注重对官僚组织和个体的政治教化与规训（冯仕政，2011），因而嵌入政府的组织成员就会经历道德形塑和价值形塑的社会化过程（Wright and Pandey，2008）。可见，个体嵌入政治体制中，不仅有组织的吸引、个人的主动靠拢，还有组织社会化过程的调节作用。那么，在控制选择效应的情况下，与其他群体相比，这部分群体可能对政治体制本身具有更强烈的信心和信仰，进而也会对政府反腐败充满信心。综上，提出本文的第一个假设：

H1 政治嵌入对反腐败信心具有积极的影响。

**2. 腐败经历对于政治嵌入与反腐败信心关系的影响**

现有研究表明，个体当前的感知和决策可能会受到以往经历的影响（Barnett and Vaicys，2000）。人们在经历过具体的、较差的公共服务体验之后，可能就会对抽象的整体政府形象产生消极的印象，虽然这也不一定会危及中央政府的形象。有学者指出，在中国情境下，一般的公众对于政府的概念主要有两种——想象中的政府和现实中的政府，人们普遍信任想象中的政府，而对于现实中的政府却缺乏信任（Wang，2005）。或者更准确地说，人们更愿意相信遥远的、难以接触的中央政府，而对触手可及的、经常打交道的地方政府却不信任。但值得注意的是，政府信任这种差序格局并不是一成不变的，正如胡荣（2007）对农民上访问题的调查发现，每当上访者所接触到的政府层次提高一级，尤其是在他们的诉求没有得到满足的时候，他们对政府的信任就会降低一个层级；到达过省级和中央政府的上访者，他们对省级和中央的信任普遍下降，更为甚者他们这种失望的经历还会溢出到其他没有上访的个体。由此可见，对于政府的信任之所以呈现出政府层级差异的特征，实际上是由于政府层级直接影响到公众与政府交流的难度和成本，由此可推论，政府的层级越高，空间距离和权力距离就越远，因而，进行沟通的难度和成本就越大。如果缺乏接触政府腐败的具体经历的话，那么一般公众对于政府的感知主要停留在抽象政府层面。但是，在个体接触到相应的层级政府的时候，如果遭遇到不好的体验，那么就可能损害他们对相应级别政府的感知。

具体到腐败研究领域，现有许多研究同样也发现，在个体没有切身接触到腐败案例的情形下，他们对于各级政府的廉洁感知都比较高，相反，个体生活中所遇到过的腐败经历会使他们对各层级政府的廉洁感知指数恶化，提高他们参与腐败活动的意愿和概率（孙宗锋、高洪成，2015），提高腐败容忍度，同时也会降低人们的反腐败意愿（倪星，2017）。也就是说，如果经历过腐败，这部分群体会对政府的反腐败能力产生质疑和不信任，即便是对于其所嵌入的政治体制，一旦接触到腐败活动，甚至当他们本身就是索贿者的时候，与没有接触过腐败的其他群体相比，他们可能更清楚腐败局势的严重性和反腐败工作的艰巨性。那么在这种情形下，政治嵌入性对于那些有过腐败经历的个体的影响可能就不再显著。据此提出本文的第二个假设：

H2 与有过腐败经历的个体相比，政治嵌入对于反腐败的积极影响在没有腐败经历的个体中更加显著。

（二）统计建模

正如前面所分析的，由于个体的政治嵌入并不是随机的，其中既有个体的努力拼搏和主动靠拢，也受到了组织的吸纳和筛选。可见，这种政治嵌入是存在选择偏误（Selection Bias）的威胁的，如果简单地采用传统的线性回归方法来进行评估，就可能得到有偏差的结论。因而，为了获得政治嵌入对反腐败信心的净效应，本文采用倾向得分分析的方法。首先，计算个体是否嵌入政治体制的概率，采用 Logit 模型来计算出倾向得分值（Propensity Score）（Dehejia，1998）。因为政治关联是一个非 0 即 1 的二分变量，为了保证所得到的概率介于 0 到 1 之间，需要将各影响因素与政治嵌入的关系转换为如下指数函数的形式：

$$PS(Z) = P(Z) = Pr[D = 1|Z] = \frac{\exp(\beta z)}{1 + \exp(\beta z)}$$

在上式中，Z 代表的是影响个体是否嵌入政治体制的所有因素，包括党员身份、教育年限等变量，而 β 则指的是 Z 向量的系数。从上式可知，这是一个非线性模型，因而可采用最大似然法进行估计；D 指代的是干预变量，个体如果嵌入政治体制之中则为 1，否则为 0；而 PS 是个体政治嵌入的概率或者可能性，也就是倾向得分值；PS（Z）是对数函数，对于所有的 Z，都是介于 0 和 1 之间，通过这个 Logit 模型计算出每一个观测值对应的倾向得分值，而倾向得分值是下一步匹配分析的基础要素。

在此基础上，我们选择多种匹配方法，包括最近邻匹配、半径匹配以及核匹配等；并按照 Becker 和 Ichino（2002）对于倾向得分分析中计算的平均处理效应（Average effect of Treatment on the Treated，ATT）的思路，建立以下的模型进一步计算出政治嵌入对于反腐败信心的平均处理效应：

$$ATT = E[Y_{1i} - Y_{0i}|D = 1] = E\{E[Y_{1i} - Y_{0i}]|D = 1, PS(Z)\}$$

在上述公式中，$Y_{1i}$ 代表的是政治嵌入的个体对各级政府的反腐败信心指数得分；$Y_{0i}$ 代表的是没有政治嵌入的个体对各级政府的反腐败信心指数得分；D 代表的是干预变量，也就是政治嵌入与否，如果个体嵌入政治体制之中则为 1，否则为 0；PS（Z）则是上一个模型所计算出来的倾向得分值。通过 Logit 模型计算出的倾向得分值进行加权分析，修正原样本中存在的选择偏误，平衡样本中干预组和控制组之间的差异，进而计算出平衡后干预组和实验组之间的平均处理效应（ROSEN-BAUM，Paul and RUBIN，1983）。

（三）数据来源

本研究数据来源于 2017 年全国廉情调查数据。该数据来源于中山大学廉政与治理研究中心开展的廉情评估年度调查，该调查从 2013 年开始，每年都进行一轮，截至 2018 年，已经进行了五轮全国廉情调查。本研究主要采用的是 2017 年的数据。2017 年全国廉情调查主要是以手机为主、辅以固话的形式来进行调查，委托 3 个专业的调查公司来负责具体的实施，询问公众关于政府清廉水平的主观感知和对政府反腐败工作的相关评价。调查对象涵盖 31 个省区市（不包含港澳台），337 个地级以上行政区，2983 个县级行政区，总体样本量为 87338 个。问卷调查的内容主要包括几个方面：公众对各级政府的清廉感知水平、腐败容忍度、接触腐败经历、反腐败意愿、反腐败工作满意度以及反腐败工作的信心等。

## 三　描述统计

结果变量：对政府反腐败的信心指数。中国政府具有不同的层级，因而对于政府反腐败信心指数的研究也需要分类评估。正如李连江根据中国农民的调查分析发现，公众对于不同层级的政府的信任是不同的（Li，2005）。与高层级政府相比，公众与基层政府接触的机会较多，因而有更加具体的认知（管玥，2012），形成了央强地弱的政府感知差序格局（Guo，Lin，2001；Shi，2001；倪星、李珠，2016）。在此基础上，一些学者将政府信任划分为党中央国务院、省委省政府、市委市政府、县委县政府以及乡党委乡政府（胡荣，2007）。

参考以上文献的思路，本文主要采用了四个指标来测量公众对政府反腐败的信心指数。一是对中央反腐败的信心。在问卷中的提问方式具体为：您对中央 2018 年的反腐败工作有没有信心？备选项为：1. 完全没有信心；2. 没有信心；3. 一般；4. 有信心；5. 很有信心；98. 拒答；99. 不了解。二是对省级反腐败的信心。在问卷中的提问方式具体为：您对所在省/自治区/直辖市 2018 年的反腐败工作有没有信心？备选项为：1. 完全没有信心；2. 没有信心；3. 一般；4. 有信心；5. 很有信心；98. 拒答；99. 不了解。三是对地市级反腐败的信心。在问卷中的提问方式具体为：您对所在市/地区/盟 2018 年的反腐败工作有没有信心？备选项为：1. 完全没有信心；2. 没有信心；3. 一般；4. 有信心；5. 很有信心；98. 拒答；99. 不了解。四是对县级反腐败的信心：您对所在区/县/市 2018 年的反腐败工作有没有信心？备选项为：1. 完全没有信心；2. 没有信心；3. 一般；4. 有信心；5. 很有信心；98. 拒答；99. 不了解。具体指标的统计描述如表 1 所示。

表 1　结果变量的统计描述

| 结果变量 | 平均值 | 标准差 | 最小值 | 最大值 | 观测值 |
| --- | --- | --- | --- | --- | --- |
| 对中央反腐败的信心 | 4.12 | 0.88 | 1 | 5 | 86065 |
| 对省级反腐败的信心 | 3.91 | 0.97 | 1 | 5 | 85276 |
| 对地市级反腐败的信心 | 3.79 | 1.06 | 1 | 5 | 80344 |
| 对县级反腐败的信心 | 3.68 | 1.15 | 1 | 5 | 83806 |

匹配变量：根据现有文献的梳理，初步总结出以下变量作为在公共部门就职的匹配变量：户口所在地、居住地、民族、年龄（Li and Walder，2001）、收入、教育、是否中共党员（Walder Li and Treiman，

2000）以及性别等。① 当然，为了获得满意的模型。后期还会在此基础上进行高阶和交互项转换与筛选。

表 2　匹配变量的统计描述

| 匹配变量 | 平均值 | 标准差 | 最小值 | 最大值 | 观测值 |
|---|---|---|---|---|---|
| 受教育时间 | 3.23 | 1.32 | 1 | 6 | 87338 |
| 户口所在地 | 0.45 | 0.5 | 0 | 1 | 85957 |
| 居住地 | 0.6 | 0.49 | 0 | 1 | 87338 |
| 民族 | 0.89 | 0.31 | 0 | 1 | 87338 |
| 年龄 | 37.26 | 14.09 | 15 | 99 | 87336 |
| 收入 | 4.96 | 6.51 | 0 | 50 | 82809 |
| 是否中共党员 | 0.17 | 0.37 | 0 | 1 | 86539 |
| 性别 | 0.71 | 0.46 | 0 | 1 | 87337 |

　　要进行倾向得分匹配，就必须通过条件变量来计算出倾向得分，正是由于这些变量使得干预组与控制组之间出现非平衡性，因而需要通过倾向得分的方式来实现干预数据之间的平衡性。本文为了选择合适的条件变量，在现有理论文献的基础上，同时结合了两种方法进行建构匹配模型。一是客观的方法。将上述变量及其相应的平方项放到与干预变量的模型中进行逐步回归，筛选出对于干预变量具有显著影响的变量。二是主观评价的方法，结合现有文献对于政治嵌入的影响因素的分析，同时比较各个模型的 AUC（Area Under Curve）结果。

表 3　Logit 模型分析结果

| 模型 | logit 1 | logit 2 | logit 3 | logit 4 | logit 5 | logit 6 |
|---|---|---|---|---|---|---|
| 性别 | 0.171 *** | 0.154 *** | 0.0928 *** | 0.0229 | 0.143 *** | 0.0400 * |
|  | −0.0194 | −0.02 | −0.0203 | −0.0207 | −0.022 | −0.0226 |

---

① 其中，对收入等可能出现离群值的变更进行在 1% 和 99% 分位上的缩尾处理。此外，年龄和收入属于较为隐私的问题，因而，问题设置的形式主要是前面一道题是回答具体的数字，如果被访者不回答，则跳到下一道同样的但却是分类的选项，因而，如果前一道题存在缺失，则通过后一道分类选项的中值进行替代。

续表

| 模型 | logit 1 | logit 2 | logit 3 | logit 4 | logit 5 | logit 6 |
|---|---|---|---|---|---|---|
| 户口 | − 1.88 *** | − 1.877 *** | − 1.812 *** | − 1.763 *** | 1.268 *** | 1.254 *** |
| | − 0.0193 | − 0.0199 | − 0.020 | − 0.0202 | − 0.0249 | − 0.0254 |
| 民族 | − 0.332 *** | − 0.340 *** | − 0.363 *** | − 0.442 *** | − 0.505 *** | − 0.461 *** |
| | − 0.0278 | − 0.0284 | − 0.0287 | − 0.0291 | − 0.0314 | − 0.0322 |
| 收入 | | 0.00833 *** | 0.105 *** | 0.123 *** | 0.0550 *** | 0.0477 *** |
| | | − 0.00133 | − 0.00348 | − 0.00365 | − 0.00379 | − 0.00385 |
| 收入平方 | | | − 0.00298 *** | − 0.00331 *** | − 0.00201 *** | − 0.00182 *** |
| | | | − 0.000118 | − 0.000122 | − 0.000112 | − 0.000112 |
| 年龄 | | | | 0.0122 *** | 0.0400 *** | 0.0312 *** |
| | | | | − 0.00364 | − 0.00402 | − 0.0041 |
| 年龄平方 | | | | 0.000167 *** | 0.000129 *** | 0.000143 *** |
| | | | | − 0.0000412 | − 0.0000452 | − 0.0000461 |
| 居住地 | | | | | 0.290 *** | 0.346 *** |
| | | | | | − 0.0273 | − 0.0279 |
| 受教育时间 | | | | | 0.684 *** | 0.580 *** |
| | | | | | − 0.0101 | − 0.0104 |
| 受教育时间平方 | | | | | | 1.106 *** |
| | | | | | | − 0.0239 |
| 是否中共党员 | | | | | − 6.206 *** | − 5.736 *** |
| | | | | | 0.143 *** | 0.0400 * |
| 截距项 | 1.596 *** | 1.576 *** | 1.231 *** | 0.451 *** | − 0.022 | − 0.0226 |
| | − 0.0389 | − 0.0404 | − 0.042 | − 0.0828 | − 0.0972 | − 0.0985 |
| Pseudo $R^2$ | 0.129 | 0.131 | 0.143 | 0.161 | 0.242 | 0.267 |
| AUC | 0.733 | 0.748 | 0.762 | 0.77 | 0.828 | 0.838 |
| 观测值 | 86047 | 82000 | 82000 | 81998 | 80914 | 80507 |

注：回归系数之下展示的数值是标准误，*、**、*** 分别代表的是 1%、5%、10% 的显著性水平。

上述结果显示，受教育时间、居住地、收入等变量始终对干预变量——政治嵌入具有吸纳主影响，而且，第 5、6 个模型的 AUC 值都在 0.82 以上，根据 Stürmer 等人的观点，AUC 大于 0.8 表明模型设定比较合理（Stürme, Joshi, and Glynn, 2006）。而且，这两个模型的 Pseudo $R^2$ 也比前面几个模型明显要高，当然，Pseudo $R^2$ 与一般意义上的 $R^2$ 不同，仅供参考。再结合逐步回归的结果，设定以 0.1 的显著水平为标准，加入各个变量及其交互项和高阶项。在综合分析的基础上，最终剔除掉性别等变量，因为这些变量在上述分析的结果中并不稳定，而且逐步回归也拒绝将其纳入模型之中；再结合现有文献的结论，得到本文关于干预变量——政治嵌入的主要匹配变量。当然，这些变量并不是我们重点关注的对象，它们的主要功能是控制住政治嵌入的选择效应，进而分析我们感兴趣的政治嵌入对于反腐败信心的净效应。

## 四 分析结果以及检验

表 4 此处采用的方式是最近邻匹配（一配多）的分析结果。从上述结果可以看到，匹配之前，政治嵌入对于各级政府的反腐败信心都有非常显著的影响。但是，这可能是遗漏变量影响干预变量和结果变量共变所导致的。只能根据 Holland（1986）、Rubin（2014）等人所构建的

**表 4　政治嵌入对各级政府反腐败信心的影响**

| 变量 | Matched | Treated | Controls | ATT | S. E. | T-value |
|---|---|---|---|---|---|---|
| 对中央反腐败的信心 | 匹配前 | 4. 301 | 4. 099 | 0. 202 | 0. 008 | 25. 88 *** |
| | 匹配后 | 4. 301 | 4. 123 | 0. 178 | 0. 042 | 4. 22 *** |
| 对省级反腐败的信心 | 匹配前 | 4. 085 | 3. 889 | 0. 197 | 0. 009 | 22. 83 *** |
| | 匹配后 | 4. 085 | 3. 931 | 0. 154 | 0. 046 | 3. 34 *** |
| 对地市级反腐败的信心 | 匹配前 | 3. 973 | 3. 751 | 0. 221 | 0. 009 | 23. 42 *** |
| | 匹配后 | 3. 973 | 3. 797 | 0. 176 | 0. 051 | 3. 42 *** |
| 对县级反腐败的信心 | 匹配前 | 3. 908 | 3. 631 | 0. 277 | 0. 010 | 26. 91 *** |
| | 匹配后 | 3. 908 | 3. 723 | 0. 185 | 0. 056 | 3. 31 *** |

注：星号前显示的数字是双尾检验 T 值，*、**、*** 分别代表的是 1%、5%、10% 的显著性水平。

反事实框架的思路，具体采用倾向值得分匹配的方式，计算出影响干预变量的权重之后，然后采用这个权重给样本分配加权，使得实验组和控制组除了是否接受干预之外尽可能地相似。上述结果表明，在匹配之后，发现各个变量对于干预变量影响的 T 值大幅下降，但与此同时，政治嵌入对于各级政府的反腐败信心依然具有显著且积极的影响。这就有较强的证据表明政治嵌入对于政府反腐败信心具有积极的净效应。综上，假设 H1 通过了验证。

从表 5 可见，匹配之后，与有过索贿经历的个体相比，对于没有索贿经历的个体，政治嵌入对于各级政府反腐败信心有着积极且显著的影响。对于有过索贿经历的个体，政治嵌入对中央政府层面的反腐败信心不再具有显著的积极影响。因而，假设 H2 得到验证。这说明，政治嵌入对于政府反腐败信心的积极影响是存在差异性的，尤其是对那些没有过腐败经历的个体的影响更为显著。而受访者自身如果存在索贿经历，这种具体的经历则削弱乃至抵消了政治嵌入性对各级政府反腐败信心的积极影响。综上，假设 H2 通过了验证。

**表 5　不同经历的政治嵌入对各级政府反腐败信心的影响**

| | | 有索贿经历 | | 没有索贿经历 | |
|---|---|---|---|---|---|
| | | ATT | T-stat | ATT | T-stat |
| 对中央反腐败的信心 | 匹配前 | 0.096 | 3.570 *** | 0.190 | 24.45 *** |
| | 匹配后 | 0.097 | 1.580 | 0.127 | 3.20 *** |
| 对省级反腐败的信心 | 匹配前 | 0.014 | 0.480 | 0.186 | 21.78 *** |
| | 匹配后 | 0.062 | 0.930 | 0.088 | 2.02 *** |
| 对地市级反腐败的信心 | 匹配前 | 0.011 | 0.340 | 0.205 | 21.92 *** |
| | 匹配后 | 0.080 | 1.150 | 0.152 | 3.09 *** |
| 对县级反腐败的信心 | 匹配前 | 0.018 | 0.560 | 0.262 | 25.49 *** |
| | 匹配后 | 0.015 | 0.210 | 0.177 | 3.33 *** |

注：星号前显示的数字是双尾检验 T 值，＊、＊＊、＊＊＊分别代表的是 1％、5％、10％的显著性水平。

## （一）平行假设检验

从表 6 可以看到，在匹配之前，党员身份、教育等所有变量对于个体政治嵌入是有显著的积极影响的。但是，在匹配完成之后，这些匹配变量全部在 0.01 的水平上都不再对政治嵌入这个干预变量产生显著的影响了，而且整个模型也非常不显著（匹配之后整个模型的 $p$ 值是 0.734）。这就说明，对干预变量进行匹配之后，控制住了这些变量对于干预变量的干扰，进而有利于下一步计算政治嵌入对于反腐败信心的净效应。同时通过 ROC 曲线来检查模型的拟合效果。

**表 6　平行检验结果**

| 变量 | Matched | Treated | Control | bias% | reduct bias% | t-test | p > t |
|---|---|---|---|---|---|---|---|
| 户口 | 匹配前 | 0.799 | 0.337 | 105.300 | 99.900 | 112 | 0.000 *** |
| | 匹配后 | 0.799 | 0.798 | 0.100 | | 0.11 | 0.911 |
| 是否中共党员 | 匹配前 | 0.406 | 0.106 | 73.200 | 98.900 | 93.49 | 0.000 *** |
| | 匹配后 | 0.406 | 0.403 | 0.800 | | 0.58 | 0.563 |
| 居住地 | 匹配前 | 0.819 | 0.527 | 65.400 | 98.400 | 68 | 0.000 *** |
| | 匹配后 | 0.819 | 0.824 | −1.000 | | −1.08 | 0.278 |
| 民族 | 匹配前 | 0.868 | 0.894 | −8.300 | 92.200 | −9.43 | 0.000 *** |
| | 匹配后 | 0.868 | 0.870 | −0.600 | | −0.55 | 0.583 |
| 收入 | 匹配前 | 5.603 | 4.567 | 17.600 | 98.700 | 18.33 | 0.000 *** |
| | 匹配后 | 5.603 | 5.616 | −0.200 | | −0.23 | 0.820 |
| 收入的平方 | 匹配前 | 57.777 | 63.927 | −2.700 | 78.000 | −2.75 | 0.006 *** |
| | 匹配后 | 57.777 | 59.128 | −0.600 | | −0.61 | 0.540 |
| 受教育年限 | 匹配前 | 4.030 | 2.989 | 86.900 | 98.300 | 94.09 | 0.000 *** |
| | 匹配后 | 4.030 | 4.048 | −1.500 | | −1.36 | 0.173 |
| 受教育年限的平方 | 匹配前 | 17.543 | 10.506 | 85.700 | 98.300 | 96.69 | 0.000 *** |
| | 匹配后 | 17.543 | 17.664 | −1.500 | | −1.29 | 0.199 |

注：星号前显示的数字是双尾检验 $p$ 值，*、**、*** 分别代表的是 1%、5%、10% 的显著性水平。

由图 1 可见，AUC 的面积达到 0.820，说明上述匹配变量对于干预变量的解释力下降，这就代表了控制住了匹配变量的干扰效应，有利于评估行政嵌入对于反腐败信心的净效应。

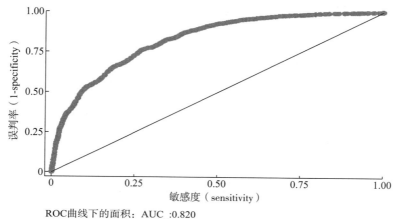

ROC曲线下的面积：AUC_:0.820

**图 1　ROC 曲线检验模型的拟合效果**

## （二）共同支撑假设检验

由图 2 可以看到，政治嵌入和没有政治嵌入的个体在共同支撑方面结果。虽然不是特别理想，但大部分观测值都落在了共同支撑领域（Common Support region）内，总体来看在可接受的范围内。

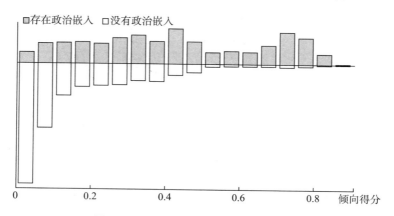

**图 2　ROC 曲线检验共同支撑假设检验**

## 五 稳健性检验

为确保研究结论的可靠性，本研究也进行了多方面的稳健性检验。首先，通过不同的匹配方法来检验研究结论的稳定性。主要是通过半径匹配、核匹配和马氏距离匹配等。① 其次，通过分组进行匹配的方式检验，如分为党政机关、事业单位以及国有企业等。此外，采用自抽样的方式，获得稳健标准误。

### （一）其他匹配方法

从表7可见，半径匹配和核匹配的结果中，对于中央、省级、地市级以及县级的 ATT 值都是正向而且显著的，而且有腐败经历和没有腐败经历的政治嵌入同样与前面的最近邻匹配的分析结论相一致。稍微不同的是马氏距离匹配，匹配过后，总体层面的 ATT 值依然是正向的，但不显著，不过有腐败经历和没有腐败经历的政治嵌入对于反腐败信心的影响依然与前面的结论一致。

表 7 其他匹配方法的结果

| | | 总体 | | 有腐败经历 | | 无腐败经历 | |
|---|---|---|---|---|---|---|---|
| 核匹配 | | | | | | | |
| | Matched | ATT | T-stat | ATT | T-stat | ATT | T-stat |
| 对中央反腐败的信心 | 匹配前 | 0.202 | 25.880*** | 0.096 | 3.57*** | 0.190 | 24.45*** |
| | 匹配后 | 0.132 | 13.190*** | 0.095 | 3.07*** | 0.115 | 11.22*** |
| 对省级反腐败的信心 | 匹配前 | 0.197 | 22.830*** | 0.014 | 0.48 | 0.186 | 21.780*** |
| | 匹配后 | 0.123 | 11.070*** | 0.024 | 0.71 | 0.106 | 9.430*** |
| 对地市级反腐败的信心 | 匹配前 | 0.221 | 23.420*** | 0.011 | 0.34 | 0.205 | 21.920*** |
| | 匹配后 | 0.136 | 11.070*** | 0.044 | 1.22 | 0.108 | 8.710*** |
| 对县级反腐败的信心 | 匹配前 | 0.277 | 26.910*** | 0.018 | 0.56 | 0.262 | 25.490*** |
| | 匹配后 | 0.151 | 11.340*** | 0.003 | −0.09 | 0.129 | 9.53*** |

---

① 参考现有文献，其中，本文的半径匹配方法所采用的匹配半径为 0.001。

续表

| | | 总体 | | 有腐败经历 | | 无腐败经历 | |
|---|---|---|---|---|---|---|---|
| 半径匹配 | | | | | | | |
| 对中央反腐败的信心 | 匹配前 | 0.202 | 25.880 *** | 0.096 | 3.570 *** | 0.190 | 24.45 *** |
| | 匹配后 | 0.124 | 11.440 *** | 0.101 | 3.070 *** | 0.108 | 9.59 *** |
| 对省级反腐败的信心 | 匹配前 | 0.197 | 22.830 *** | 0.014 | 0.480 | 0.186 | 21.78 *** |
| | 匹配后 | 0.125 | 10.350 *** | 0.030 | 0.830 | 0.108 | 8.74 *** |
| 对地市级反腐败的信心 | 匹配前 | 0.221 | 23.420 *** | 0.011 | 0.340 | 0.205 | 21.92 *** |
| | 匹配后 | 0.140 | 10.550 *** | 0.022 | 0.57 | 0.111 | 8.19 *** |
| 对县级反腐败的信心 | 匹配前 | 0.277 | 26.910 *** | 0.018 | 0.56 | 0.262 | 25.49 *** |
| | 匹配后 | 0.151 | 10.510 *** | 0.022 | 0.55 | 0.132 | 8.86 *** |
| 马氏距离匹配 | | | | | | | |
| 对中央反腐败的信心 | 匹配前 | 0.202 | 25.88 *** | 0.096 | 3.57 *** | 0.190 | 24.45 *** |
| | 匹配后 | 0.081 | 1.39 | 0.128 | 1.63 | 0.189 | 3.38 *** |
| 对省级反腐败的信心 | 匹配前 | 0.197 | 22.83 *** | 0.014 | 0.48 | 0.186 | 21.78 *** |
| | 匹配后 | 0.050 | 0.77 | 0.065 | 0.76 | 0.213 | 3.42 *** |
| 对地市级反腐败的信心 | 匹配前 | 0.221 | 23.42 *** | 0.011 | 0.34 | 0.205 | 21.92 *** |
| | 匹配后 | 0.089 | 1.22 | 0.106 | 1.17 | 0.171 | 2.47 ** |
| 对县级反腐败的信心 | 匹配前 | 0.277 | 26.91 *** | 0.018 | 0.56 | 0.262 | 25.49 *** |
| | 匹配后 | 0.067 | 0.88 | 0.024 | 0.25 | 0.204 | 2.77 *** |

注：星号前显示的数字是双尾检验 T 值，＊、＊＊、＊＊＊分别代表的是 1%、5%、10% 的显著性水平。

## （二）分组匹配

由于不同政府部门之间的政治嵌入的影响可能存在差异性，正如一些研究指出，"中国政府的权威结构主要围绕党委政府这个中心，权威地位朝着政府和职能部门方向不断弱化，总体呈现三元而非多元、差序而非扁平"（练宏，2016）。那么，由于这种部门间存在的权威差别，不同类型的部门的政治嵌入是否会存在差异性？因而，为保证结论的稳健性，本文对总体数据进行分组，分别对各个组单独进行倾向得分分析。根据被访者所在政府单位，分为党政机关、事业单位以及国有企业三种类型，在此基础上分组进行倾向得分匹配分析。具体结果如表 8 所示。

表 8　部门间分组匹配的结果（横向）

| 结果变量 | | 总体 | | 党政机关 | | 事业单位 | | 国有企业 | |
|---|---|---|---|---|---|---|---|---|---|
| | | ATT | T-stat | ATT | T-stat | ATT | T-stat | ATT | T-stat |
| 对中央反腐败的信心 | 匹配前 | 0.201 | 25.92 *** | 0.341 | 20.39 *** | 0.221 | 19.21 *** | 0.051 | 4.57 *** |
| | 匹配后 | 0.104 | 2.44 *** | 0.248 | 4.43 *** | 0.067 | 1.48 | 0.030 | 0.73 |
| 对省级反腐败的信心 | 匹配前 | 0.196 | 22.90 *** | 0.397 | 21.56 *** | 0.243 | 19.11 *** | - 0.005 | - 0.37 |
| | 匹配后 | 0.103 | 2.23 *** | 0.324 | 5.23 *** | 0.145 | 2.78 *** | - 0.010 | - 0.21 |
| 对地市级反腐败的信心 | 匹配前 | 0.221 | 23.54 *** | 0.452 | 22.37 *** | 0.278 | 19.98 *** | - 0.012 | - 0.9 |
| | 匹配后 | 0.136 | 2.66 *** | 0.313 | 4.57 *** | 0.180 | 3.14 *** | 0.006 | 0.12 |
| 对县级反腐败的信心 | 匹配前 | 0.276 | 27.02 *** | 0.527 | 23.92 *** | 0.326 | 21.48 *** | 0.022 | 1.53 |
| | 匹配后 | 0.115 | 2.07 *** | 0.351 | 4.7 *** | 0.191 | 3.1 *** | - 0.029 | - 0.53 |

注：星号前显示的数字是双尾检验 T 值，＊、＊＊、＊＊＊分别代表的是 1%、5%、10% 的显著性水平。

由表 8 可见，政治嵌入对于各级政府反腐败信心的确实存在一定的差异性，相对而言，党政机关比事业单位的影响更为显著，而事业单位又比国有企业的影响显著。或许，这种情况跟这些部门在政府中的地位相关。可能的情况是，党政机关的政治属性相对更强，因而党政机关更强调党政宣传的作用，而事业单位和国有企业的业务属性更为突出，它们不仅在选人用人环节相对强调以业务能力为主，而且在党政宣传、政治教化方面的功能也相对薄弱，这三类部门呈现出由中心向外围递减的趋势。由此可见，不仅人们对于政府的不同层级间的感知存在差序格局，而且对于横向的、不同类型的政府部门之间的感知也存在着差序格局。

除了在横向维度考察部门间政治嵌入的差异质性，也有必要从纵向历史维度来分析不同世代政治嵌入的差异性。根据烙印理论（Imprinting Theory）可知，个体价值观的形塑在很大程度上受到其成长所处的关键历史时期的影响，而这种关键时刻往往是个体角色融入新组织或者新的社会制度的过程，为了减少转型过程所带来的不确定性，个体的价值观和行动会积极地与周围的环境相适应，即便随后的环境发生了显著变化，这种影响依然会持续存在（Christopher and András，2013）。改革开放是中国经济社会发展的伟大转折，不仅解放和发展了社会生产力，而且也进一步解放了人民思想，对于个体行动和价值观有着深远的影响，自然也可能会影响到政治嵌入和反腐败信心之间的关系。因而，我们在参考已有文献的基础上，以 1959 年前后出生作为分组依据，来考察改革开放前后不同世代的政治嵌入的差异性（Danqing，Du and Christopher，2018）。

从表 9 可见，1959 年前出生的个体在匹配之后政治嵌入的影响都不显著，相比之下，1959 年之后出生的个体在中央、省级、地市级以及县级层面的政治嵌入对于反腐败信心的影响都在 0.05 以上的水平上显著，这在一定程度上说明，改革开放在个体的政治嵌入性对于反腐败信心方面具有积极的影响。

表 9 不同世代分组匹配的比较（纵向）

| 结果变量 | | 总体 | | 1959 年前出生 | | 1959 年后出生 | |
| --- | --- | --- | --- | --- | --- | --- | --- |
| | | ATT | T-stat | ATT | T-stat | ATT | T-stat |
| 对中央反腐败的信心 | 匹配前 | 0.201 | 25.92 *** | 0.067 | 3.02 *** | 0.210 | 24.58 *** |
| | 匹配后 | 0.104 | 2.44 *** | 0.059 | 1.07 | 0.155 | 3.4 *** |
| 对省级反腐败的信心 | 匹配前 | 0.196 | 22.90 *** | − 0.005 | − 0.2 | 0.213 | 22.72 *** |
| | 匹配后 | 0.103 | 2.23 *** | 0.047 | 0.76 | 0.100 | 2.02 ** |
| 对地市级反腐败的信心 | 匹配前 | 0.221 | 23.54 *** | 0.020 | 0.67 | 0.240 | 23.46 *** |
| | 匹配后 | 0.136 | 2.66 *** | 0.040 | 0.56 | 0.171 | 3.06 *** |
| 对县级反腐败的信心 | 匹配前 | 0.276 | 27.02 *** | 0.107 | 3.25 *** | 0.295 | 26.41 *** |
| | 匹配后 | 0.115 | 2.07 *** | 0.052 | 0.66 | 0.168 | 2.8 *** |

注：星号前显示的数字是双尾检验 T 值，＊、＊＊、＊＊＊ 分别代表的是 1%、5%、10% 的显著性水平。

## （三）自抽样

在上述分析的基础上，按照 Efron 等的思路（Efron and Tibshirani，1993），本文进一步采用 bootstrap 的方法，循环抽样五百次获得 ATT 值及相关的稳健标准误差等统计量。

从表 10 来看，与其他模型相比，使用 bootstrap 之后所得到分析结果的标准误都变大了，但这对保证模型结论的稳健性有利。总体层面，与前面分析结论基本一致，政治嵌入对于中央、省级、地市级以及县级政府的反腐败信心均呈正向且显著的影响。同时依然发现，与有腐败经历的个体相比，无腐败经历的个体的政治嵌入对于反腐败信心的影响更加显著。不过其中也有些许差异，在有腐败经历的个体之中，政治嵌入性对中央反腐败信心的积极影响变得显著了，这在一定程度上可能表明，经历过索贿行为，即使个体对基层级政府的反腐败能力存在疑虑，但依然对中央政府的反腐败能力保持信心。

表 10　bootstrap 基础上的匹配结果

| 结果变量 | 总体 | | | 有腐败经历 | | | 无腐败经历 | | |
|---|---|---|---|---|---|---|---|---|---|
| | ATT | 标准误 | P | ATT | 标准误 | P | ATT | 标准误 | P |
| 对中央反腐败的信心 | 0.207 | 0.039 | 0.000 *** | 0.125 | 0.060 | 0.039 *** | 0.063 | 0.040 | 0.116 |
| 对省级反腐败的信心 | 0.169 | 0.045 | 0.000 *** | 0.047 | 0.061 | 0.443 | 0.104 | 0.040 | 0.010 *** |
| 对地市级反腐败的信心 | 0.142 | 0.050 | 0.004 *** | 0.082 | 0.070 | 0.242 | 0.200 | 0.044 | 0.000 *** |
| 对县级反腐败的信心 | 0.182 | 0.052 | 0.000 *** | 0.018 | 0.073 | 0.344 | 0.133 | 0.048 | 0.006 *** |

注：星号前显示的数字是双尾检验 p 值，* 、** 、*** 分别代表的是 1% 、5% 、10% 的显著性水平。

## 六　结论

反腐败信心关乎未来的反腐败行动，与腐败感知相比，更能够成为个体参与反腐败行动的动机。因而，有必要深入分析反腐败信心。而作为反腐败行动最直接的行动主体，即嵌入公共部门之中的公职人员，他们是否比其他群体对于政府反腐败更有信心，也就是说，政治嵌入性是否有助于提升他们对反腐败的信心，这是值得进一步探讨的。因为这种政治嵌入性不是随机产生的，而且再加上观测数据本身的特征，这就使得政治嵌入可能带有较强的选择特征，如果直接通过线性回归来探寻两者的因果关系就可能会出现偏误。因而，本文通过倾向得分匹配的方法，构建反事实讨论框架讨论政治嵌入性对于反腐败信心的影响。

经过分析发现，在控制住选择效应的条件下，政治嵌入对于各级政府的清廉感知的影响虽略微下降，但都始终存在积极且显著的影响。而且，与有索贿经历的个体相比，没有索贿经历的个体的政治嵌入对于反腐败信心的积极影响更为显著。此外，不同类型的公共部门的政治嵌入性对反腐败信心的影响也存在明显的差异性，党政部门的政治嵌入性对于反腐败信心的影响最为显著，而国有企业的政治嵌入性影响最为薄弱，呈现出了横向部门之间的差序格局。同时，与其他层级的政府相比，在大多数情况下（即便是有过腐败经历），个体的政治嵌入对于中央政府的反腐败信心总是呈现积极的影响。这间接地说明，中央政府比其他层级政府具有更坚实的合法性基础，这也与 O'Brien 和 Li（2006）的发现相吻合，出于实现自身利益和合法性的考虑，人们更多对政策执行以及地方政府层面质疑，而尽量避免直接挑战政策制定和中央政府的权威。

根据前文的分析结果可知，即使在剔除掉选择效应之后，政治嵌入性对于反腐败信心存在着积极的影响。可见，在保持和加强对于现有公职人员组织同化和教育的同时，有必要加强对其他社会群体的反腐败宣传和教育。同时，进一步增强基层政府以及国有企业和事业单位的政治意识，提升其廉政知识水平，建立健全"不敢腐，不能腐，不想腐"廉政风险防控的体制机制，形成风清气正的政府整体政治氛围。

诚然，本文还有值得进一步探讨的空间。首先，就方法本身，倾向值匹配只能控制住可观测因素的选择（selection on the observable），但是，无法从根本上消除基于不可观测因素的选择（selection on the unobservable）（Rosenbaum，2010）。尽管本文尽可能地采用了问卷的现有变量及其变形，而且匹配模型的 AUC 值也明显大于 0.7，但即便如此，由于问卷变量的限制，依然可能存在遗漏变量的问题。因而，为了削弱这一威胁，本文也根据 Bax 和 Rosenbaum（2005）、Becker 和 Caliendo（2007）的思路对各个模型的隐藏偏误（hidden bias）进行了敏感性分析，基本上都在可接受的范围，没有严重的隐藏偏误。其次，在数据层面，由于倾向值匹配需要处理缺失值，虽然仅损失掉 7% 的样本，但是，依然有可能影响推论的有效性。

## 参考文献

冯仕政，2011，《中国国家运动的形成与变异：基于政体的整体性解释》，《开放时代》第 1 期。

管玥，2012，《政治信任的层级差异及其解释：一项基于大学生群体的研究》，《公共行政评论》第 2 期。

胡荣，2007，《农民上访与政治信任的流失》，《社会学研究》第 3 期。

练宏，2016，《注意力竞争——基于参与观察与多案例的组织学分析》，《社会学研究》第 4 期。

李贞，2018，《上半年反腐败成绩亮眼 10 名中管干部、162 名厅局干部落马》，人民网，7 月 12 日，http://leaders.people.com.cn/n1/2018/0712/c58278 - 30143977.html。

倪星，2017，《利益关联、行动选择与公众的腐败容忍度——基于 G 省的实证分析》，《武汉大学学报》（哲学社会科学版）第 70 期。

倪星、李珠，2016，《政府清廉感知：差序格局及其解释——基于 2015 年度全国廉情调查的数据分析》，《公共行政评论》第 3 期。

孙宗锋，2017，《中国政府清廉感知双重差异及解释：一个混合研究》，中山大学政治与公共事务管理学院博士学位论文。

孙宗锋、高洪成，2015，《公众行贿意愿研究——来自 G 省的调查数据》，《东北大学学报》（社会科学版）第 17 期。

周雪光，2012，《运动型治理机制：中国国家治理的制度逻辑再思考》，《开放时代》第 9 期。

Barnett, T. & Vaicys, C. 2000. "The Moderating Effect of Individuals' Perceptions of Ethical Work Climate on Ethical Judgments and Behavioral Intentions." *Journal of Business Ethics* 27: 351 – 362.

Bax, M., Goldstein, M. & Rosenbaum, P. et al. 2005. "Proposed Definition and Classification of Cerebral Palsy." *Developmental Medicine & Child Neurology* 47: 571 – 576.

Becker, S. O. & Caliendo, M. 2007. "Mhbounds – Sensitivity Analysis for Average Treatment Effects." *Stata Journal* 7: 71 – 83.

Becker, S. O. & Ichino A. 2002. "Estimation of Average Treatment Effects Based on Propensity Scores" *Stata Journal* 2: 358 – 377.

Brewer & Gene, A. 2008. "Employee and Organizational Performance." In Motivation in Public Management: The Call of Public Service." edited by James, L., Perry and Annie Hondeghem Oxford. UK: Oxford University Press., pp. 136 – 56.

Christopher Marquis. & András Tilcsik. 2013. "Imprinting: Toward a Multilevel Theory." *Social Science Electronic Publishing* 7: 195 – 245.

Danqing Wang, Fei Du & Christopher Marquis. 2018. "Defending Mao's Dream: How Politicians' Ideological Imprinting Affects Firms' Political Appointment in China." *Academy of Management Journal*: 17.

Dehejia, R, H. 1998. "Wahba S. Propensity Score-Matching Methods For Nonexperimental Causal Studies." *Review of Economics & Statistics* 84: 151 – 161.

Efron, B. & Tibshirani, R. 1993. *An Introduction to the Bootstrap.* New York: Chapmann & Hall.

Gong, T. & Xiao, H. 2017. "Socially Embedded Anti-Corruption Governance: Evidence from Hong Kong." *Public Administration & Development.*

Granovetter, M. 1985. "Economic Action and Social Structure: The Problem of Embeddedness." *American Journal of Sociology* 91: 481 – 510.

Guo, Xiaolin. 2001. "Land Expropriation and Rural Conflicts in China." *China Quarterly* 166: 422 – 439.

Haveman, H. A. 2012. Jia N., Shi J., et al. "The Dynamics of Political Embeddedness in China." *Administrative Science Quarterly* 62: 67 – 104.

Holland, P. W. 1986. "Statistics and Causal Inference." *Publications of the American Statistical Association* 81: 945 – 960.

King, G., Pan, J. & Robert, M. E. 2014. "Political Science. Reverse-engineering Censorship in China: Randomized Experimentation and Participant Observation." *Science* 345 (6199): 1251722.

Kjeldsen, A. M. & Jacobsen, C. B. 2013. "Public Service Motivation and Employment Sector: Attraction or Socialization?" *Journal of Public Administration Research & Theory* 23: 899 – 926.

Kjeldsen, A. M. 2013. "Jacobsen C B. Public Service Motivation and Employment Sector: Attraction or Socialization?" *Journal of Public Administration Research & Theory* 23: 899 – 926.

Li, B. & Walder, A. G. 2001. "Career Advancement as Party Patronage: Sponsored Mobility into the Chinese Administrative Elite, 1949 – 1996." *American Journal of Sociology* 106: 1371 – 1408.

Li, H., Gong, T. & Xiao, H. 2016. "The Perception of Anti-corruption Efficacy in China: An Empirical Analysis." *Social Indicators Research* 125: 885 – 903.

Li, L. 2005. "Political Trust in Rural China" *Modern China* 30: 228 – 258.

Lotte Bøgh Andersen & Søren Serritzlew. 2012. "Does Public Service Motivation Affect the Behavior of Professionals?" *International Journal of Public Administration* 35: 19 – 29.

Michelson, E. 2017. "Lawyers, Political Embeddedness, and Institutional Continuity in

China's Transition from Socialism. " *American Journal of Sociology* 113: 352 – 414.

Moreira, D. B. 2012. "Corrupting Learning: Evidence from Missing Federal Education Funds in Brazil. " *Institute for the Study of Labor*: 712 – 726.

Olken, B. A. & Pande, R. 2012. "Corruption in Developing Countries. " *Annual Review of Economics* 4: 245 – 253.

O'Brien, K. J. & Li, L. J. 2006. *Rightful Resistance in Rural China.* Cambridge University Press.

Prechel, H. & Morris, T. 2010. "The Effects of Organizational and Political Embeddedness on Financial Malfeasance in the Largest U. S. Corporations: Dependence, Incentives, and Opportunities. " *American Sociological Review* 75: 331 – 354.

Prechel, H. N. 2003. "Big Business and the State : Historical Transitions and Corporate Transformation, 1880s – 1990s. " *American Journal of Sociology* 108: 1400 – 1401.

ROSENBAUM, Paul, R. & RUBIN et al. 1983. "The Central Role of the Propoensity Score in Observational Studies for Causal Effects. " *Biometrika* 70: 41 – 55.

Rosenbaum, P. R. 2010. "Observational Studies. " *Publications of the American Statistical Association* 97: 1207 – 1207.

Rubin, D. B. 2014. "Estimating Causal Effects of Treatments in Randomized and Nonrandomized Studies. " *Epidemiologic Methods* 66: 88 – 701.

Sato, H. 2008. "The Changing Structure of Communist Party Membership in Urban China, 1988 – 2002. " *Journal of Contemporary China* 17 (57): 653 – 672.

Stürmer, T. , Joshi, M. & Glynn, R. J. et al. 2006. "A Review of the Application of Propensity Score Methods Yielded Increasing Use, Advantages in Specific Settings, but not Substantially Different Estimates Compared with Conventional Multivariable Methods. " *Journal of Clinical Epidemiology* 59: 437.

Uzzi, B. 1997. "Social Structure and Competition in Interfirm Networks: The Paradox of Embeddedness. " *Administrative Science Quarterly* 42: 35 – 67.

Walder, A. G. , Li, B. & Treiman, D. J. 2000. "Politics and Life Chances in a State Socialist Regime: Dual Career Paths into the Urban Chinese Elite, 1949 to 1996" *American Sociological Review* 65: 191 – 209.

Walder, A. G. 1995. "Career Mobility and the Communist Political Order. " *American Sociological Review* 60: 309 – 328.

Wang, Z. 2005. "Political Trust in China: Forms and Causes. " *Legitimacy: Ambiguities of Political Success or Failure in East and Southeast Asia*: 113 – 139.

Winship, C. & Morgan, SL. 1999. "The Estimation of Causal Effects from Observational Data. " Annual Review of Sociology , 25: 659 – 706.

Wright, B. E. & Pandey, S. K. 2008. "Public Service Motivation and the Assumption of Person-Organization Fit Testing the Mediating Effect of Value Congruence. " *Administration & Society* 40: 502 – 521.

Zhu, J. , Lu, J. & Shi, T. 2013. "When Grapevine News Meets Mass Media. " *Comparative Political Studies* 46: 920 – 946.

# 学科建设

廉政学研究　第 2 辑

第 59~82 页

© SSAP，2018

# 廉政学研究的内容：基于反腐倡廉文献综述研究的分析[*]

徐法寅[**]

**摘　　要：**廉政学的建构对于推进反腐倡廉实践和研究具有重要意义。但是当前的廉政学尚未具体分析现有研究，也未全面概括其研究对象。作为对反腐倡廉实践的思考和反映，现有的反腐倡廉研究为明确廉政学的研究内容和理论视角提供了丰富的知识基础。对现有研究的分析表明，廉政学的研究内容主要包括相互联系、相互促进的两个方面：一是腐败问题分析和对策研究，二是廉政思想战略和实施研究。从研究内容上说，廉政学就是关于腐败现象及其原因和治理对策、廉政思想战略和廉政体系建设的学科。今后的廉政学仍需深入分析反腐倡廉实践和现有研究成果，加强理论和实践的结合，厘清反腐对策和廉政政策之间的关系，从而形成更加完备的理论体系，助力反腐倡廉实践的开展。

**关键词：**廉政学；腐败研究；反腐倡廉；反腐对策；廉政政策

---

　　* 基金项目：本文系国家社科基金一般项目“社会分层视角下反腐败政策的政治效应研究”（17BSH084）的阶段性成果。

　** 作者简介：徐法寅（1982 - ），山东聊城人，社会学专业哲学博士，中国社会科学院社会学研究所助理研究员，主要研究方向为社会科学方法论、经济社会学、政治社会学、廉政研究。

廉洁政治是千百年来人类社会一直追求的一种理想政治；同时，腐败现象是困扰人类社会的一个历史顽疾，反腐倡廉也因此成为普遍存在的社会实践（张宏杰，2016：1～23；Buchan and Hill，2014）。廉政学的建构就是要秉持廉洁政治的价值理念，对反腐倡廉面临的问题和实践经验进行系统分析，从而形成系统的知识体系。具体而言，廉政学的实践价值和意义体现在多个方面，包括建立系统性的知识体系以回应实践中的特殊问题、论证我国廉政制度的历史必然性和现实合理性为实践提供理论支撑、论证廉政制度设置的科学性及其具体内容为实践提供方法和思路、探索廉政建设的基本规律以推动国家政治体制改革（王希鹏，2013）。

1991 年，黎里在《学习与研究》第 8 期上提出了"廉政学"的设想，认为"解决廉政问题，毫无疑问，需要行动，需要在工作实践中做出长期而艰苦的努力；同时，也需要理论上的探讨，研究历史经验，认识吏治的规律性。因此，把廉政作为一门学科来对待，创建和丰富廉政学这一政治学的分支学科是十分必要的，而且希望有高水平的理论专著出版"（黎里，1991）。20 多年过去了，我国廉政学的发展状况如何？今后的廉政学的建构应该如何推进呢？当前研究中存在两种廉政学观念：强调廉政学的实践意义、将廉政学定义为廉政建设研究的"启示论"，强调廉政学的学术意义、将廉政学定义为腐败和反腐败研究的"总结论"。但是，"启示论"很大程度上忽略了当前反腐倡廉研究取得的成果，而"总结论"也没有充分而具体地整合实践基础上产生的大量研究成果。进一步推进廉政学的建构和明确廉政学的研究内容需要对现有研究进行更加细致的分析，为进一步在实践应用、在实践中发展打下基础。具体分析现有研究的"建构中的廉政学"观念认为，廉政学的研究内容包括两个相互联系、相辅相成的方面：腐败问题分析和对策研究、廉政思想战略和实施研究。今后的廉政学发展不仅需要在两个方面分头并进，而且需要发挥两种研究的合力，推进廉政学理论体系的建构和反腐倡廉实践的开展。

## 一 当前两种廉政学观念及其局限

"启示论"主要有三个特点：第一，通过阐述廉政学的实践价值和意义，强调廉政学建设的必要性；第二，通过指出当前廉政学研究的不足，说明加强廉政学建构的方向；第三，通过对反腐倡廉实践的分析，提出廉政学建构的"设想"。本文开头提到的黎里的文章《研究点廉政学》便是这种观点的最早代表。在列举了廉政学的一些核心问题之后，他指出"以上所举（的实践），虽是一些片段的材料，但也看出廉政确实是一门大学问，大有研究之必要。至于当前我们所遇到的新情况、新问题，更是研究的重点，自不待言"（黎里，1991）。王希鹏（2014a）的文章《廉政学的学科定位与理论体系》在很大程度上采用了"启示论"观念。首先，他从学科建构、历史发展和比较研究、国家权力配置、社会主义政治文明建设四个角度分析了廉政学的学科使命和重要性。其次，他认为由于廉政学作为一门独立学科需要解决的前提问题没有得到很好的认识和处理，廉政学还没有获得一门独立学科的应有地位。最后，在实践的基础上，他又从廉政制度、廉政价值和廉政行为三个方面阐释廉政的内涵，并提出了以国家廉政活动和廉政制度建设为研究对象，以廉政制度为逻辑起点，以廉政建设为核心范畴，以廉政理论为基础支撑，以廉政制度、廉政活动及其规律性研究为体系范围，用发展、开放的思维和方法进行廉政学体系构建的设想。

"总结论"也有三个特点：第一，这种观点认为廉政研究已经成熟；第二，廉政学的学科地位还没有确立主要是因为"廉政学"这个名称还未获得官方的认可；第三，廉政学的发展方向主要是廉政学的推广和传播。总而言之，"总结论"强调"廉政学"名称获得认可的重要性。任建明（2015b）在《北京航空航天大学学报》（社会科学版）上发表的文章《廉政学科及其发展路径》就是这种"总结论"的代表。首先，就廉政学的发展历史而言，任建明教授认为"廉政学科的研究对象明确而独特，其研究对象是人类社会中存在的腐败现象以及人们为了治理腐败而采取的各种反腐败活动，简而言之，就是腐败和反腐败"；而且他认为，按库恩和默顿等人关于学科形成的观点，当前腐败和反腐败研究已经形成了特定的研究对象、研究内容结构和研究领域，创办了公开出版的专业杂志，建立了专业协会，学术论文、专著数量巨大且不断增加。总而言之，廉政学科在实质上已经取得了发展和进步。其次，就廉政学的发展前景而言，任建明教授也认为"然而迄今为止，还没有发展出一个专门的廉政学科，甚至，关于廉政学科发展方面的研究还十分稀少"；而且，他特别提出廉政学的名称问题，在批判性地分析纪检监察学、监督学、廉政学、腐败与反腐败学、腐败与治理学、廉洁学等名称的基础上，认为"廉政学"是"一个不错的选择"。此外，他也认为应该在学科名称体系和高等教育中积极地推广和传播廉政学。总而言之，廉政学的发展似乎只是一个名称问题。

关于廉政学发展的两种观点都有其价值，也有其缺陷。首先，"启示论"的意义在于，论述了廉政学建设和发展的理论和实践意义，指明了廉政学发展的必要性和重要性。但是，这些研究所提出的"启示性"观点往往有"推翻重来"或"脱离现有研究"的缺陷，因为这些启示性的观点总是从理念层次上探讨实践，却没有在现有相关研究的基础上建立具体的理论，最终导致理论与实践的脱离。其次，"总结论"的价值在于，认识到了廉政学研究取得的进步，对"廉政学"名称的关注和强调，也对廉政学在社会和学术界的宣传推广以及相关研究人员共同体意识的建立具有重要的意义。但是，这种观点并没有具体分析现有研究涉及的研究问题和理论成果，对当前廉政学发展面临的困境估计不足。

总体而言，廉政学仍然处在建构的过程中，虽然廉政学具有重大的实践和学术意义，但是廉政学的建构仍然需要对现有的研究进行更具体的分析、提炼和整合，需要在与实践的互动中不断地提高、深入和发展。具体来说，廉政学的"建构过程论"观念认为，廉政学发展是一个不断积累、不断深化、不断完善的进化过程，应该采用欣赏、开放和包容的态度对持续的廉政学研究进行分析和提炼。

首先，对相关研究的分析、总结与提炼应该采取欣赏和包容的态度。欣赏和包容的态度与批判性评价不同。批判性评价往往持有某些学术价值规范，在研究人员、研究方法、文献来源、研究阶段、研究规范等方面对相关研究进行评估。倪星和陈兆仓认为，1980～2009年的腐败和反腐败研究中，期刊公开发表的研究文献大多是对策式的、宏观论述的、非经验主义的，缺乏方法论意识和科学研究方法的运用，研究文献的规范性程度亟待提升，不同学科间的多元知识视角亟待整合（倪星、陈兆仓，2011）。而欣赏和包容的态度则以研究问题为导向，充分吸纳多学科、多理论视角、多研究层次、多方法论取向的研究成果，从而更好地解答具体的研究问题。

其次，为了真正地将欣赏和包容的态度应用到廉政学的学科发展中，廉政学应该采用操作性定义，而不是确定性定义。廉政学发展的"建构过程论"认为：正如"总结论"所说，廉政学已经取得了很大的发展；但是，如"启示论"所说，廉政学的理论体系还未完善，廉政学的学科地位还未确立。因此，对现有研究的分析和提炼应该采用更为包容的操作性定义。这种操作性定义应该具有包容性，从而充分吸纳现有研究成果；操作性定义应该具有弹性，从而能够为进一步积累和深化提供空间。现有综述性研究所提及的研究主题说明，廉政学的操作性定义可以被视为以"廉政"、"廉洁"、"腐败"、"反腐败"、"反腐倡廉"为主题的学术研究（郭勇、宋伟，2015；倪星，2012；徐喜林，2013；Shore and Dieter，2015；任建明，2015b；倪星、陈兆仓，2011；王希鹏，2014a）。这个定义首先为廉政学的进一步建构提供了空间，其次也为充分吸纳现有成果提供保证。

最后，虽然学界对学科的要素和条件的认识有很大不同，但是学科存在的根本条件在于特定的研究对象和相关问题，以及针对这些问题所产生的理论体系（华勒斯坦，1997；任建明，2015b）。这里需要指出的是，学科存在的"根本条件"是相对于其他"次级条件"而言的。两者的关系是，满足了学科存在的根本条件才会产生学科存在的次级条件；"次级条件"是"根本条件"的应用、扩展和论证。因此学科的根本条件就是确定研究对象及其相关问题，以及针对这些问题生产理论体系。因此，廉政学的发展应该着重关注其研究对象和相关问题以及针对这些问题所产生的理论知识，而不是这些理论知识在具体领域中的应用。

## 二 廉政学的两类研究内容

采取欣赏和包容的态度，对以"廉政"、"廉洁"、"腐败"、"反腐败"、"反腐倡廉"为主题的现有研究进行的分析表明，廉政学的研究内容主要包括两种：腐败问题分析和对策研究，廉政思想战略和实施研究。本研究所收集的反腐倡廉文献既包括经验研究，也包括理论研究。虽然本文所概括的廉政学研究领域并不是直接在反腐倡廉实践基础上进行的，但是以现有理论和经验研究为基础对廉政学的研究领域进行概括也有两个方面的优势：首先，作为一个学科的廉政学本身就是对现有研究的理论化和系统化，因此以现有理论和经验研究可以更好地推进学科化水平；其次，当前的理论研究和经验研究很大程度上是从不同理论视角和学科视角对反腐倡廉实践的反映，因此以现有研究为基础可以更深入地分析反腐倡廉实践。

"反腐"一词与"倡廉"一词往往以"反腐倡廉"或者"党风廉政建设和反腐败斗争"等形式出现在官方报道和学术著作中。但是，"反腐"和"廉政"到底有什么区别，又有什么联系？这也许是廉政学建构的一个核心问题，也是廉政学"启示论"和"总结论"两种观念的主要争论。虽然当前还缺乏专门对这个问题的研究和阐述，但是也有很多研究涉及这个问题。总体而言，我们可以区分出关于这个问题的三种解答思路：其中，理论思路、实践思路和现实思路。理论思路主要是从学科建构和理论发展的角度来说明廉政与反腐之间的关系，从而说明廉政学的意义和特征；现实思路主要是从现实中的反腐政策出发，说明廉政与反腐之间的不同。

理论思路的代表作是王希鹏博士的论文《廉政学的学科定位与理论体系》。在该文中，作者提出从廉政制度、廉政价值和廉政行为三个层次上理解"廉政"的科学内涵，从而为廉政学的建构提供概念基础（王希鹏，2014a）。实践思路的代表是倪星和宿伟伟的论文《中国特色廉政体系的理论框架与研究方向》，认为惩治和预防腐败体系的正式提出，标志着我国反腐倡廉战略的重大转型，即从以往侧重惩治或预防的单向策略转向更加注重惩防均衡、动态协调的系统战略。在此基础上，他们主张进一步将惩治和预防腐败体系建设上升到国家廉政体系建设的高度（倪星、宿伟伟，2015）。从现实问题和相关政策来看，徐喜林教授关于反腐败和廉政建设之关系的看法更具有包容性。他认为，廉政建设的内涵大于反腐败的内涵，因为廉政建设还包括作风建设等内容（徐喜林，2013）。

总体而言，腐败问题分析和对策研究与廉政思想战略和实施研究是两种不同逻辑的研究。两种研究存在现实、理论和政策三个方面区别。首先，从现实方面来看，"（反）腐败"和"廉政"之间是一种包含和被包含的关系：一方面，反腐败是廉政建设的一个组成部分，廉政是反腐败斗争的目标；另一方面，廉政建设是反腐败（尤其是预防腐败）的结构性背景和手段。从理论方面来看，"（反）腐败研究"和"廉政学"之间也是一种包含和被包含的关系：一方面，（反）腐败研究是廉政学的重要内容；另一方面，廉政学的内涵在一定程度上超越了（反）腐败研究的范畴。从政策方面来看，反腐败政策具有被动的性质，即针对腐败现象采取相关措施；而廉政政策则具有主动的性质，在从严治党、政治文明建设、国家能力建设等方面积极建构我国的廉政制度体系。

在对腐败问题分析和对策研究与廉政思想战略和实施研究进行划分

的基础上，廉政学的主要研究内容可以用表 1 来概括。首先，廉政学的研究内容包括两个方面：腐败问题分析和对策研究、廉政思想战略和实施研究。前者主要是采用"问题导向"的视角，关注腐败问题及其发生原理和治理措施。后者主要采用"体系建设"的视角，研究廉政的思想内涵及其实现方略和实施路径。其次，从研究的方法上看，两个方面的研究都需要进行理论与实践之间的互动。在吸纳现有研究成果和总结实践的基础上发展理论，并在理论的指导下提出实践方法，并在实践中不断发展和深化理论研究。最后，廉政学研究的两个方面内容也要相互促进。因为腐败问题的复杂性决定了腐败治理需要从廉政体系的角度进行分析和实践，廉政体系的建设离不开腐败治理实践的实施和检验。

**表 1　廉政学的主要研究内容**

| 方法 | 内容 | |
|---|---|---|
| | 腐败问题分析和对策研究 | 廉政思想战略和实施研究 |
| 理论 | 腐败的界定和测量<br>腐败的影响和后果<br>腐败的原因分析 | 廉政思想及其内涵<br>廉政体系理论研究<br>廉政建设理论研究 |
| 实践 | 腐败的现状和趋势<br>反腐败对策研究<br>反腐败政策评估 | 廉政建设战略研究<br>廉政建设的实施及其问题<br>廉政体系建设的评估 |

## 三　腐败问题分析和对策研究

腐败问题分析和对策研究所涉及的内容主要是对腐败行为及其原因的分析，以及在此基础上提出的一些反腐对策。

### （一）腐败定义、测量和影响

我们首先要提到的肖汉宇、公婷的这篇文章指出了当前腐败研究中的热点问题。虽然这篇文章并未涵盖腐败研究的所有问题，但也可以视为对当前腐败研究进行分析的框架。肖汉宇和公婷（2016）的研究《腐败研究中的若干理论问题——基于 2009－2013 年 526 篇 SSCI 文献的综述》对近年 SSCI 期刊上有关腐败问题研究的国际文献进行了综述。在对腐败研究的基本特征和方法进行统计分析的基础上，该文章对当前腐败研究的主要问题进行了几种讨论，这些问题包括腐败的定义和测量、腐败与经济发展的关系、腐败与社会不公平、腐败与政治制度的关系以及腐败治理的成效（肖汉宇、公婷，2016）。

就腐败的定义和测量问题而言，过勇和宋伟的《腐败测量》做出了积极探索（过勇、宋伟，2015）。在该书中，作者在说明了腐败测量的困境之后，提出了腐败测量的三个维度（腐败状况、反腐败绩效和廉政风险）；作者还在批判分析主观调查法、案件统计法和案件指标分析法的基础上，结合系统评价理论、国家治理理论和国家廉政体系理论，建构了一个更为综合的腐败测量指标体系。这里所说的腐败状况和廉政风险与腐败测量直接相关。其最大的创新之处在于，将廉政风险纳入腐败测量指标体系中，将腐败行为及其产生背景结合了起来，从而拓宽了对腐败内涵的理解。

就腐败的性质及其与经济发展的关系而言，魏德安（2014）的《双重悖论：腐败如何影响中国的经济增长》集中考察了中国腐败与经济增长之间的关系。在剖析了韩国、中国台湾、赤道几内亚、塞拉利昂等国家或地区的腐败问题后，作者总结了发展性、退化性和掠夺性等几种腐败形式。然后，作者指出，中国的腐败具有特殊性，虽然腐败的本质与上述国家或地区没有区别，但在对经济的影响上却大相径庭。作者认为中国改革后"价格双轨制"为腐败官员的权力寻租行为提供了充裕的空间，这也是中国腐败独具特色的核心所在。同样的，中国的经济增长也在改革后蓬勃发展，因此，腐败只是腐蚀了改革后经济增长的部分，还未对中国经济的整体发展造成危害。但如果不能合理地抑制腐败，中国经济增长与腐败并存的双重悖论将不复存在。此外，聂辉华的论文《腐败对效率的影响：一个文献综述》对于腐败与经济效率的关系的相关文献进行了综述，强调了制度环境、腐败水平和企业所有制的影响（聂辉华，2014）。常力等人关于政治关联、反腐败和企业创新的实证研究从一定程度上验证了这一点（常力、杨瑞龙、杨继东，2015）。

就腐败对经济行为的具体影响而言，聂辉华等的论文《中国地区腐败对企业全要素生产率的影响》使用 1999～2007 年中国制造业企业的微观数据首次考察了中国地区层面的腐败对企业全要素生产率的影响，认为在企业的微观层次上，腐败对国有控股企业的生产率没有影响，但是由于腐败可以避开政府管制，腐败和私人控股企业的生产率呈现正相关；腐败对那些固定资产比例更高的企业具有更大的负效应；此外，腐败对那些中间产品结构比较复杂的行业具有更大的负效应（聂辉华、张戍、江艇，2014）。

腐败对于国际政治经济关系也会产生影响。胡兵和邓富华的论文《腐败距离与中国对外直接投资》认为，制度观和行为学视角下，母国与东道国腐败程度的差异影响投资者对风险和机会的感知从而影响其对外直接投资行为；采用 Heckman 两阶段选择模型以及 2003～2011 年中国对 168 个国家或地区直接投资的面板数据，他们发现，腐败距离对中国是否进入东道国开展直接投资并无显著影响，但对进入东道国后的直接投资规模存在显著正向影响；区分腐败距离的不同方向以及自然资源寻求型、战略资产寻求型等投资动机后，结论依然成立（胡兵、邓富华，2014）。廖显春和夏恩龙的研究则研究了腐败与中国的外资的影响，认为，外资企业确实将污染型企业转移至中国环境标准执行较低的地区，这一结果支持了"污染天堂假说"；此外，由于地方政府倾向于降低社会福利权重，从而加剧了腐败程度，造成"逐底竞赛"，导致资本错置（廖显春、夏恩龙，2015）。

（二）腐败现状和原因分析以及反腐对策

腐败的现状是反腐败对策制定所针对的对象，因此把握腐败现状是制定反腐对策的先决条件。何家弘的论文《中国反腐治标论》便基于对腐败形式的判断提出了先治标后治本的对策：面对多年积累的相当严重的腐败现状，中国只能采取先治标后治本的对策；所谓治标，主要是通过查办案件来阻止腐败的蔓延势头，减少腐败的存量，遏制腐败的增量，转变社会风气，为反腐败的治本创造条件（何家弘，2015）。吴忠民的论文《中国转型期腐败问题的主要特征分析》认为中国转型期的腐败问题波及面十分广泛，而且呈现出固化的趋势，群体性腐败色彩明显，因此反腐败的有效途径在于标本兼治（吴忠民，2014）。楚向红的论文《近几年来我国腐败现象的主要特点及其防治对策》认为，腐败现象的产生与部分党员干部廉洁自律意识淡薄、权力运行制度上存在薄弱环节、纪律不严、法律约束力不强、监督力度不够等因素有关；因此，在今后的反腐倡廉工作中，要针对腐败的特点对症下药，要树立道德高线，把权力关进制度的笼子里，坚持把纪律和规矩挺在前面，善于用法治思维和法治方式反对腐败，加大监督力度，始终保持惩治腐败的高压态势。

腐败的发生依赖于社会文化背景。柯珠军和岳磊的论文《人情视角下我国腐败行为的文化透视》就强调，在既有的我国腐败问题研究中，学者们大多沿用西方的研究范式并从宏观结构性因素中去寻求腐败现象蔓延的原因，而忽略了我国特有的本土性解释概念以及微观层面上腐败行为的运作逻辑；从人情视角出发，他们认为人情的义务性取代了制度的规范性，导致制度在面对通过人情往来而形成的私人关系时失去了其应有的规范作用，由此导致和加剧了腐败行为的滋生与蔓延（柯珠军、岳磊，2014）。谢红星的论文《家族主义伦理：传统中国腐败的文化之维》认为，在中国传统家族主义文化的影响下，基于家族的经济负担成为传统社会官员腐败的动因，贪得无厌的贪官以之为肆无忌惮腐败的借口，而那些律己甚严、持身清谨的官员也不得不在体制默许的范围内收取一定灰色收入，以周济亲族和应对人情来往在传统社会，权力监督机制的失灵为公权力寻租解除了制度上的束缚，家族主义伦理则一定程度上为腐败解除了道德束缚（谢红星，2016）。社会文化的影响很大程度上都是通过非正式制度产生的，杨忠益的论文《腐败产生的非正式制度根源浅析》便指出了这一点（杨忠益，2016）。

政治经济政策和制度对腐败的影响也是显而易见的。陈国权和孙韶阳的论文指出，改革开放以来，我国坚持以经济建设为中心和效率优先的发展战略，地方政府载经济建设方面表现出很高的执政水平并取得巨大的经济成就，但也存在较为严重的腐败现象和相关风险（陈国权、孙韶阳，2016）。黄寿峰和郑国梁的论文《财政透明度对腐败的影响研究》也指出，财政透明度的提高能够抑制腐败，但目前作用相对有限，贸易开放度、民营化、公务人员工资及政府规模对腐败有显著负面影响，教育水平和经济发展水平对腐败没有显著影响。

官员之间的利益关系是高官腐败和集体腐败的重要影响因素，如何切断腐败利益链是反腐败的重要环节。何家弘和徐月笛的论文《腐败利益链的成因与阻断——十八大后落马高官贪腐案的实证分析》指出，党的十八大以来，我国共有 145 名省部级和军级以上高官因贪腐等问题落马；这些高官的腐败背后多存有一群或一串"共同利益"人，形成错综复杂或明或暗的腐败利益链；要阻隔切断腐败利益链，就要改良我国的官员选任制度，推进官员财产公示制度，提高行政决策透明度，从具体制度入手，先推进法治，再提升民主的水平（何家弘、徐月笛，2016）。

### （三）反腐对策的实施和评估

如果说反腐对策研究针对腐败现象提出了一些有针对性的措施，那么这些措施的实施和影响又如何呢？这就涉及关于反腐对策的实施和评估方面的研究了。反腐对策的评估主要有两个方面的内容：一是对反腐活动的总体特征进行描述；二是对反腐活动的效果进行评估。从政策的角度来看，这些研究对于反腐倡廉思想、战略和政策具有反馈作用；从理论上来说，这些研究是廉政学不可或缺的一部分。

关于反腐对策实施的研究主要讨论影响其实施程度的各种因素。倪星和孙宗峰的论文《经济发展、制度安排与地方反腐败力度》分析了地方反腐败力度的影响因素；他们认为经济发展水平、地方分权程度和政治周期显著地影响着地方反腐败力度；经济发展与反腐败力度之间呈倒 U 形关系，在人均 GDP 为 2.4 万元左右的时候，反腐败力度最大；地方分权程度越高，反腐败力度越小；与其他年份相比，政府换届年份的反腐败力度会显著降低（倪星、孙宗锋，2015b）。庄德水博士的论文《政治决心与反腐败机构的运行绩效：基于国际比较的视角》论述了政治决心对反腐机构运行绩效的关键性作用。该文认为政治决心是政治领导层对反腐的公开承诺和实际行动的统一，反腐机构取得运行绩效的关键因素在于政治决心，并从权力控制、资源供给以及社会动员三个方面研究了不同政治决心与反腐机构运行绩效之间的关系（庄德水，2015）。聂辉华和王梦琦的论文《政治周期对反腐败的影响》在实证研究的基础上得出，从长远来看，反腐败与政治稳定之间存在着复杂的关系，文章构建了一个最优反腐败力度的理论模型，分析了政治周期与反腐败之间的关系（聂辉华、王梦琦，2014）。

反腐对策对腐败现象的遏制效果是反腐对策评估的一个重要内容。杜晓燕的论文《惩罚机制对阻断腐败循环的演化博弈分析》认为，腐败循环是一种典型的社会困境问题，其根源在于反腐败组织无法打破腐败利益交易双方在长期博弈中形成的稳定均衡态势；惩罚机制可以起到促进反腐败组织协调高效运作的作用，有助于打破腐败交易双方的长期合作关系，从而为最终阻断腐败循环提供可能性。

反腐的社会影响是另一个反腐对策实施评估的内容。倪星等所做的关于政府清廉感知的研究就涉及反腐倡廉政策对公众清廉感知的影响。在倪星和李珠的文章《政府清廉感知：差序格局及其解释》中，作者讨论了地方经济发展水平、公众的腐败容忍度、腐败信息来源、腐败案件曝光对公众的政府清廉感知的影响（倪星、李珠，2016）。在《政府反腐败力度与公众清廉感知：差异及解释》则直接而集中地讨论了反腐败政策对公众清廉感知的影响，认为政府反腐败力度的增强与公众的清廉感知水平之间没有显著的相关关系；而绩效、文化和信息三种机制显著影响着公众的清廉感知差异；文章还认为，行贿和被索贿经历直接降低公众的反腐败工作满意度，被索贿经历比行贿经历更会降低公众的腐败容忍度，而反腐败容忍度反过来也会影响公众的反腐败工作满意度（倪星、孙宗峰，2015a）。

## 四 廉政思想战略和实施研究

廉政思想战略及其实施研究主要包括廉政思想、廉政建设原则、廉政战略策略、廉政制度建设等方面的内容。

### （一）廉政思想和战略研究

十八大以来，以习近平同志为核心的党中央看到了严峻的反腐败形势，认识到反腐败斗争的长期性、复杂性和艰巨性，以猛药去疴、重典治乱的决心，以刮骨疗毒、壮士断腕的勇气，坚决把党风廉政建设和反腐败斗争进行到底，坚持"老虎""苍蝇"一起打，形成了对腐败分子的高压态势。很多研究探讨了我国传统文化中蕴含的廉政思想和中国共产党在实践中发展起来的廉政思想（王兴文，2016；李辉，2014；陈挥、宋霁，2014；石仲泉，2014）。

党的十八大以来的反腐倡廉建设的新举措也是廉政学研究的一个焦点；很多学者对廉政建设的创新举措进行了总结。比如，王希鹏的论文《十八大以来党风廉政建设和反腐败斗争工作的创新》就认为，党的十八大以来，全党对党风廉政建设和反腐败斗争重要性的认识不断提高，在腐败治理目标、治理定位、治理结构、治理路径、治理程序和具体治理方法等方面提出了一系列新思路、新谋划和新举措，逐步构成了一个较为完善的思想理论体系（王希鹏，2014b）。这些新目标、定位、结构和路径的提出使得很多学者认为我国的廉政建设已经进入了一个

"新常态"（吴国斌，2016）。

腐败和反腐败很大程度上是一种此消彼长的关系；对待腐败的态度直接与腐败程度相关。蒋来用的论文《"赦免腐败论"的内在矛盾及其辩驳》批判了"赦免腐败论"在假设条件或前提上的内在矛盾，揭露了"赦免腐败论"在理论和实践中的不可行性、非必要性和严重危害性（蒋来用，2016a）。该文虽然着重批判和消除"赦免腐败论"，但是对反腐败的态度和腐败研究具有启示意义。

就廉政建设的特征而言，廉政建设和反腐败的一个重要区别在于廉政建设的积极性和系统性，而反腐败却在很大程度上具有被动性和针对性。王传利的论文《论系统性治理腐败方略的原则和内涵》便指出，伴随着新中国的反腐历程，我国的治理腐败方略经历了重大调整，目前呈现出构建系统性治理腐败方略的新趋势；而且在系统性治理腐败中，要坚持党领导下的人民群众广泛参与的中国特色反腐机制，建构国家与社会双重治理腐败体系，要侧重从权力视角转向从权力与资本相结合的视角考察腐败的发生机理，将权力关进制度的笼子里，并且资本也不可任性，要将具体的腐败过程进行系统性透视，做到法纪与规矩相互配合、政策和法纪相互兼顾、改革方案与治理腐败方略相配套、技术层面和体制组织层面相互契合（王传利，2016）。

除了从总体上说明我国反腐倡廉思想和战略，很多学者还从不同的而角度对反腐倡廉战略进行了定位和分析；这些角度包括党的建设、国家治理能力建设、依法治国建设、权力监督、利益冲突和文化建设等。从党的建设角度出发，在全面从严治党的背景下，麻秀荣的论文《全面从严治党新常态下的反腐败新思考》认为，党风廉政建设和反腐败斗争是关系执政党的生死存亡；因此，党的十八大以来，以习近平同志为核心的党中央在全面从严治党思路下深入推进党风廉政建设和反腐败斗争，清醒认识反腐败与腐败不仅是价值观的较量，更是人心的较量（麻秀荣，2015）。

从国家治理能力建设的角度对反腐倡廉进行的分析强调国家治理能

力是反腐败的主要影响因素；腐败现象也是国家治理能力强弱的一个重要指标。胡健的论文《惩治腐败与国家治理能力建设》认为，腐败的产生与现代化进程和政治体制的类型都没有关系，而与国家治理能力直接相关；腐败会进一步降低国家治理能力；国家治理能力实际上是政府的治理能力，在深化改革进程中，提升国家治理能力就是要对政府进行准确定位，防止政府因错位、越位而导致权力腐败（胡健，2014）。

在我国推进依法治国的进程中，依法反腐成为我国法治建设的重要组成部分。姜明安的论文说明了法治反腐的含义、原则、目标和过程，认为法治反腐是指通过制定和实施法律，限制和规范公权力形式的范围、方式、手段、条件与程序，为公权力执掌者创设公开、透明和保障公正、公平的运作机制，以达成公权力执掌者不能腐、不敢腐（姜明安，2016）。毛朝晖的论文《廉政新常态与反腐法治化》认为，我国的反腐败历程经过了"治标为主"，到"治标与治本并治"，再到"治本为主"的动态发展过程；而且，该论文将"治本为主"的反腐败与我国的依法治国战略相结合，认为依法反腐应该走出中国特色，尤其是要科学配置国法与党规两种资源（毛朝晖，2015）。何家弘和张小敏的论文《反腐败立法研究》认为，中国的反腐败由治标转向治本的重要方式应该是反腐败立法；反腐败立法包括与反腐败行为的法律、查办腐败案件的法律和惩罚腐败犯罪的法律；反腐败立法的基本思路应该确定为专门立法，填补空缺，先易后难（何家弘、张晓敏，2015）。任建明的文章《大力推进依法反腐的制度性措施与建议》指出了我国反腐败实践中存在的不符合法治的问题，并提出了一些制度性的对策和建议，以实现法治和反腐的良性互动（任建明，2014）。

权力监督的角度是分析腐败和廉政建设的主要视角之一。在前人分析的基础上（林喆，2012），党的十八大以来的廉政研究也不乏从这个视角对廉政政策进行的分析。周敬青的论文《权力监督视角下国外治理腐败路径探析及启示》从权力监督的视角分析了一些国家治理腐败的主要特点，并为我国权力监督工作提出了一些建议和对策（周敬青，

2014）。任建明教授的论文《责任与问责：填补权力制度体系的要素空白》从制度理论、公共选择理论、责任政府理论等角度出发阐明了《中国共产党问责条例》的主要特点和重要意义：填补了我国权力制度体系的要素空白，会显著提高我国权力制度体系的科学性和有效性，是克服一些老大难问题的"利器"，是消解"官本位"文化的良药（任建明，2016）。

从利益冲突的角度出发，杨中艳的论文认为，在国家廉政建设语境下，利益输送是公共权力的非公共性使用；利益输送的基本架构可以从主体要素、客体要素、权力要素以及行为要素等四个方面进行解读；由于利益输送活动愈演愈烈，已逐步发展成我国腐败活动中一种较为显著和普遍的行为方式，因此防止利益输送是预防腐败和加强廉政建设的重要方式和途径（杨中艳，2016）。

从廉政文化建设的角度出发，葛丽娜的论文指出，廉政文化的实践关系着廉政教育以及廉洁从政的习惯养成和氛围营造；随着依法治国战略的全面推进，反腐倡廉进入了运用法治思维和法治方式反对腐败的新阶段；在法治视野下，廉政文化是一种广义文化，包括基本精神或核心理念，制度体制和管理体制，行为规则规范、日常实践和行为习惯四个层面的内容（葛丽娜，2016）。

（二）廉政体系建设实践研究

廉政体系建设研究主要是对廉政思想和战略指导下展开的一系列制度建设、机构设置、工作机制等方面的研究。这些具体的廉政体系建设研究涉及廉政建设的主体（机构）研究、民众参与研究、廉政手段等内容。

**1. 廉政建设主体（机构）研究**

就廉政主体而言，李景平和程燕子的论文《"五位一体"的廉政新常态体系建构》具有一些启发意义：该论文从政治、国家治理、纪检监察机关、公务人员工作和公众参与五个方面说明了新时代廉政体系的五个方面（李景平、程燕子，2015）；作者认为，该文所涉及的国家治理、纪检监察机关、公务人员工作和公众参与实际上属于廉政主体的范畴，主要包括人大、政府、司法、纪检监察机关、公职人员和公众等主体。杜治洲博士的论文《我国纪检监察机关的职能转变》集中分析了纪检监察机关面临的问题和职能转变反向；论文认为，当前纪检监察机关定位中，存在着越位、错位、缺位等问题；未来纪检监察机关职能转变的方向是：从事事参与转向聚焦主业，从主抓负责转向组织协调，从权力扩张转向自我约束，从疏于监督转向严肃问责（杜治洲，2014b）。

### 2. 民众参与研究

杜治洲等（2016）的论文《建国以来民众参与反腐的历程与特点》认为，民众参与反腐是政治参与的要求，是异体监督的需要，也是《联合国反腐败公约》的要求和提升反腐成效的需要。新中国成立以来我国民众参与反腐经历了运动式的参与阶段（1949～1977年）、趋于规范的参与阶段（1978～1999年）和广泛深入的参与阶段（2000年至今）。民众参与反腐的主要特点体现在四个方面：民众参与反腐逐步走向理性和高效；民众参与反腐的深度受到中央反腐模式的影响；民众与政府的角色分野与良性互动并存；民众参与反腐尚需进一步保障和规范。王希鹏和胡杨的论文《中国特色腐败治理体系现代化》则强调对腐败专门机构的整合、纪委与党委之间的配合以及上下级纪委之间的联动（王希鹏、胡杨，2014）。何旗的论文则强调民主党派监督对于反腐倡廉的重要性（何旗，2016）。

### 3. 廉政手段研究

杜治洲的论文《廉政领导力的内涵、模型及作用机理》认为，当今世界各国的反腐败斗争无非仰仗三个手段，制度、技术和领导者的廉政领导力；并详细阐述了廉政领导力的本质特征、内涵、组成因素和作用机理（杜治洲，2014a）。任建明教授的论文《把权力关进制度笼子的逻辑与对策》集中关注反腐败的制度手段，认为把权力关进制度笼子的逻辑可以从治理腐败的两大要素——制度和人及其关系出发，仅仅诉之于人，权力垄断就无法打破，只有依靠制度，才能管住权力；解决对策就是要在任务权的配置上，按照前述两种情况实现革命性的变革，在任务权之外，还要设置监督权，并通过创新实现监督权的有效实现（任建明，2015a）。杜治洲和李鑫的论文《我国网络反腐的主要特征》认为，网络反腐在蓬勃发展的同时也存在一些亟待解决的问题；我国网络反腐的主要特征包括网络反腐发展势头迅猛，公共安全和公共服务领域涉案人员数量居前列，被网络曝光的高官越来越多，正处级官员最易受到网络诬陷，网络反腐聚焦官员道德败坏和奢侈消费，官方回应率较高，网络反腐信息处理规范化水平低，等等。文章最后提出对策建议，未来党政机关应该加强官员廉政领导力建设，推进公共服务廉洁化和网络反腐规范化（杜治洲、李鑫，2014）。

与挺纪在前相关，廉政建设的另外一个方面是监督执纪的工作手段和方法。这就涉及"四种形态"的相关研究。任建明、吴国斌和杨梦婕的论文《监督执纪"四种形态"》认为，从本质上来看，四种形态就是监督执纪的四种主要手段；从管党治党的历史经验教训来看，运用好监督执纪四种形态具有重要的现实意义；此外，运用好四种形态涉及手段、行为、主体、程序等一些关键要素，需要对这些要素进行分析、梳理和匹配。

此外，廉政体系涉及多方面的内容，因此很多研究集中讨论了具体的制度建设，包括官员财产公示制度、资金管理制度、廉洁年金制度等。何家弘的论文《反腐败的战略重心与官员财产公示》指出，面对制度性、社会性腐败现状，中国的反腐败战略重心从惩治贪官转向预防腐败；官员财产公示是预防腐败的指标性措施（何家弘，2014）。在此基础上，其论文《领导干部财产申报制度之改进》则进一步提出了逐步推进财产申报公开的措施，比如鼓励个人自愿公示、试行随机抽选公示、推选干部晋级公示等（何家弘，2016）。蒋来用的论文《利益差异格局下的国际追逃追赃》强调资金在防逃追逃中扮演的关键角色，因为出逃必须以非法积累的财富达到一定量为条件，出逃的前兆往往表现为腐败资金的外流，出逃后无钱的人并不受他国欢迎而容易劝返或被遣送回国。该文认为，我国现金管理制度从极紧到极松的变迁给国际追逃追赃造成诸多困难，形势要求我国国际追逃追赃战略有必要适时调整，即从侧重境外到更多关注境内、从侧重追逃到更多关注追赃、从侧重追逃到更多关注防逃（蒋来用，2016b）。庄德水的论文《廉洁年金制度的伦理逻辑和实践策略》认为，廉洁年金制度在行政伦理意义上是公务员廉洁从政的义务性要求与职业行为的价值性认同的统一，公务员廉洁从政有益于国家和社会发展，也应该享受到社会经济发展的成果。推行廉洁年金制度，除了转变思想观念，还需要主体性、基础性、运行性和保障性多维机制的配合与支持，具体内容包括操作规范、财产公开、退出管理、诚信管理以及消除特权利益等。

## 五 总结：廉政学研究的发展

随着反腐倡廉实践和研究的发展，20 世纪 80 年代末就产生了"廉政学"的设想。到目前为止，学术界主要存在两种廉政学观点：强调廉政学的实践意义、将廉政学定义为廉政建设研究的"启示论"，强调廉政学的学术意义、将廉政学定义为腐败和反腐败研究的"总结论"。但是，"启示论"虽然强调廉政学的实践意义，但很大程度上忽视了现有研究成果；"总结论"虽然强调反腐倡廉研究取得的重大成果，但并没有具体分析现有研究成果。采取欣赏和包容的态度，对以"廉政"、"廉洁"、"腐败"、"反腐败"、"反腐倡廉"为主题的现有研究进行的分析表明，廉政学的研究内容主要包括两种：腐败问题分析和对策研究，廉政思想战略和实施研究。在两个研究领域中，廉政学的研究方法也应该同时囊括理论研究和经验研究。

本研究旨在说明廉政学的主要研究领域，但这仅仅是廉政学建构和发展的第一步；而且由于笔者能力有限，本研究也存在很多的局限和不足。今后的廉政学发展还需要在以下几个方面推进。

第一，廉洁政治是人类自古以来的追求，腐败问题是人类社会的顽疾，反腐倡廉实践更是与史同寿的实践，因此反腐倡廉的思想和研究文献可谓汗牛充栋。本研究所引用的文献不过是"沧海一粟"。廉政学的进一步发展需要对更多的文献进行收集、整理和分析，并对廉政学的研究领域进行补充、修订和丰富。

第二，廉政学建构的根源和归宿仍然在实践当中，不仅要分析实践问题，总结实践经验，而且要推进实践开展。因此，廉政学的建构和发展仍然需要对世界各国、各个历史时期，尤其是中国共产党的反腐倡廉实践，进行深入分析，从而发展出更加符合实践、更能服务实践的理论体系。

第三，如果说现实中的实践和学术上的研究是廉政学建构和发展两种原动力的话，实践和研究的分析仍然需要对廉政学主要研究领域进行深化。本研究仅仅粗略地概括了廉政学的四个研究领域：（反）腐败理论研究、（反）腐败对策研究、廉政建设理论研究、廉政体系建设研究。而廉政学的发展还依赖于通过实践和研究对各个研究领域中的具体问题进行深入分析，形成更精细的理论和知识体系。

第四，廉政学的发展还需要开展理论和实践的对话。由于东西方社会文化的差异和中国社会的急剧变迁，中国反腐倡廉实践及其面对的问题和发生的社会背景都具有特殊性。因此，西方和现有的廉政思想和理论需要创造性地应用于当前中国反腐倡廉实践及其面对的问题。

第五，廉政学研究的两类主要内容之间的区别和联系仍然需要进一步分析。本文认为廉政学的研究内容主要包括两个方面：腐败问题分析和对策研究以及廉政思想战略和实施研究。但是这种区分更大程度上是分析性的，在现实和实践中，两者确实是紧密联系在一起的。今后的廉政学研究仍然要深入分析反腐败斗争和廉政建设在实践中的相互关系，仍然要深入分析反腐败研究和廉政建设研究之间的关系，从而形成更加系统的廉政学理论体系。

## 参考文献

常力、杨瑞龙、杨继东，2015，《反腐败与企业创新：基于政治关联的解释》，《中国工业经济》第 7 期。

陈国权、孙韶阳，2016，《效率优先战略下的地方政府经营化与高廉政风险》，《浙江大学学报》（人文社会科学版）第 5 期。

陈挥、宋霁，2014，《历史视野下的反腐议题——毛泽东廉政思想及其当代传承》，《探索与争鸣》第 12 期。

杜治洲，2014a，《廉政领导力的内涵、模型及作用机理》，《河南社会科学》第 10 期。

杜治洲，2014b，《我国纪检监察机关的职能转变》，《理论视野》第 8 期。

杜治洲、李艳菲、顾文冠，2016，《建国以来民众参与反腐的历程与特点》，《广州大学学报》（社会科学版）第 1 期。

杜治洲、李鑫，2014，《我国网络反腐的主要特征——基于 217 个案例的实证分析》，《中国行政管理》第 4 期。

葛丽娜，2016，《廉政文化范畴与廉政文化建设》，《中州学刊》第 2 期。

过勇、宋伟，2015，《腐败测量》，清华大学出版社。

何家弘，2014，《反腐败的战略重心与官员财产公示》，《法学》第 10 期。

何家弘，2015，《中国反腐治标论》，《法学杂志》第 10 期。

何家弘，2016，《领导干部财产申报制度之改进》，《理论视野》第 2 期。

何家弘、徐月笛，2016，《腐败利益链个的成因与阻断——十八大后落马高官贪腐案的实证分析》，《政法论坛》第 3 期。

何家弘、张晓敏，2015，《反腐败立法研究》，《中国刑事法杂志》第 6 期。

何旗，2016，《反腐倡廉视角下的民主党派监督》，《理论探索》第 4 期。

胡兵、邓富华，2014，《腐败距离与中国对外直接投资》，《财贸经济》第 4 期。

胡健，2014，《惩治腐败与国家治理能力建设》，《当代世界与社会主义》第 2 期。

华勒斯坦，1997，《开放社会科学》，三联书店。

黄寿峰、郑国梁，2015，《财政透明度对腐败的影响研究——来自中国的证据》，《财贸经济》第 3 期。

姜明安，2016，《论法治反腐》，《行政法学研究》第 2 期。

蒋来用，2016a，《"赦免腐败论"的内在矛盾及其辩驳》，《学习与探索》第 5 期。

蒋来用，2016b，《利益差异格局下的国际追逃追赃》，《社会科学研究》第 5 期。

柯珠军、岳磊，2014，《人情视角下我国腐败行为的文化透视》，《开放时代》第 2 期。

黎里，1991，《研究点廉政学》，《学习与研究》第 8 期。

李辉，2014，《邓小平行政理论中的廉政思想》，《中国行政管理》第 8 期。

李景平、程燕子，2015，《"五位一体"的廉政新常态体系建构》，《河南社会科学》第 6 期。

廖显春、夏恩龙，2015，《为什么中国会对 FDI 有吸引力——基于环境规制与腐败程度视角》，《世界经济研究》第 1 期。

林喆，2012，《权力腐败和权力监督》，山东人民出版社。

麻秀荣，2015，《全面从严治党新常态下的反腐败新思考》，《学习与探索》第 12 期。

毛朝晖，2015，《廉政新常态与反腐法治化》，《河南社会科学》第 6 期。

倪星，2012，《惩治与预防腐败体系的评价机制研究》，中山大学出版社。

倪星、陈兆仓，2011，《问题与方向：当代中国腐败与反腐败研究文献评估》，《经济社会体制比较》第 3 期。

倪星、李珠，2016，《政府清廉感知：差序格局及其解释》，《公共行政评论》第 3 期。

倪星、宿伟伟，2015，《中国特色廉政体系的理论框架和研究方向》，《学术研究》第 8 期。

倪星、孙宗峰，2015a，《政府反腐败力度与公众清廉感知：差异及解释》，《政治学研究》年第 1 期。

倪星、孙宗峰，2015b，《经济发展、制度安排与地方反腐败力度——基于 G 省面板数据的分析》，《经济社会体制比较》第 5 期。

聂辉华，2014，《腐败对效率的影响：一个文献综述》，《金融评论》第 1 期。

聂辉华、王梦琦，2014，《政治周期对反腐败的影响——基于 2003 - 2013 年中国厅级以上官员腐败案例的证据》，《经济社会体制比较》第 4 期。

聂辉华、张彧、江艇，2014，《中国地区腐败对企业全要素生产率的影响》，《中国软科学》第 5 期。

任建明，2014，《大力推进依法反腐的制度性措施与建议》，《理论视野》第 12 期。

任建明，2015a，《把权力关进制度笼子的逻辑与对策》，《理论探索》第 6 期。

任建明，2015b，《廉政学科及其发展路径研究》，《北京航空航天大学学报》（社会科学版）第 4 期。

任建明，2016，《责任与问责：填补权力制度体系的要素空白》，《理论探索》第 5 期。

石仲泉，2014，《毛泽东廉政思想的历史发展要述》，《理论视野》第 11 期。

王传利，2016，《论系统性治理腐败方略的原则和内涵》，《政治学研究》第 3 期。

王希鹏，2013，《廉政学学科建设的使命》，《廉政文化研究》第 6 期。

王希鹏，2014a，《廉政学的学科定位与理论体系》，《广州大学学报》（社会科学版）第 2 期。

王希鹏，2014b，《十八大以来党风廉政建设和反腐败斗争工作的创新》，《中国特色社会主义研究》第 4 期。

王希鹏、胡杨，2014，《中国特色腐败治理体系现代化》，《经济社会体制比较》第 4 期。

王兴文，2016，《论宋明理学对中国传统廉政思想的影响》，《甘肃理论学刊》第 4 期。

魏德安，2014，《双重悖论：腐败如何影响中国的经济增长》，中信出版社。

吴国斌，2016，《廉政新常态：成因、特征和未来展望》，《理论月刊》第 2 期。

吴忠民，2014，《中国转型期腐败问题的主要特征分析》，《教学与研究》第 6 期。

肖汉宇、公婷，2016，《腐败研究中的若干理论问题——基于 2009 - 2013 年 526 篇 SSCI 文献的综述》，《经济社会体制比较》第 2 期。

谢红星，2016，《家族主义伦理：传统中国腐败的文化之维》，《湖北社会科学》第

9 期。

徐喜林，2013，《中国特色反腐倡廉基础理论研究》，中国方正出版社。

杨中艳，2016，《廉政视域下的利益输送：内涵要素与发展演变》，《河南大学学报》（社会科学版）第 5 期。

杨忠益，2016，《腐败产生的非正式制度根源浅析》，《湖北社会科学》第 8 期。

张宏杰，2016，《顽疾——中国历史上的腐败与反腐败》，人民出版社。

赵秉志、彭新林，2015，《习近平反腐倡廉思想研究》，《北京师范大学学报》（社会科学版）第 5 期。

周敬青，2014，《权力监督视角下国外治理腐败路径探析及启示》，《当代世界与社会主义》第 3 期。

庄德水，2015，《政治决心与反腐败机构的运行绩效：基于国际比较的视角》，《经济社会体制比较》第 4 期。

Bruce Buchan & Lisa Hill. 2014. *An Intellectual History of Political Corruption*. New York：Palgrave Macmillan.

Shore Cris & Dieter Haller. 2005. "Sharp Practice：Anthropology and the Study of Corruption." In *Corruption：Anthropological Perspectives*, edited by Dieter Haller, Cris Shore, pp. 1 - 26. Ann Arbor. MI：Pluto Press.

# 廉政理论

廉政学研究　第 2 辑

第 85～101 页

# 西方权力监察思想演进史的概略考察\*

征汉年\*\*

**摘　要：**对西方国家权力监督思想进行批判性考察和借鉴是构建中国廉政制度的有益探索。古希腊柏拉图的 "美善民主"、亚里士多德的 "政体三要素"、古罗马西塞罗的 "混合共和" 等人民监督思想，经历中世纪奥古斯丁的 "权力罪恶论"、阿奎那的 "正当权力论"、马基雅维利的 "君主权威论" 等 "防恶" 权力监督思想，以及启蒙时期霍布斯的 "国家集权说"、洛克的 "分权制衡说"、孟德斯鸠的 "权力分设说"、卢梭的 "人民主权说"、狄德罗的 "平等制约说" 等 "主权" 监督理论的发展完善，直到近代西方汉密尔顿的 "联邦政体分权制衡"、托克维尔的 "分权民主专制" 和韦伯的 "民主理性工具论" 等 "国家民主" 权力监督体系，这些西方监督思想至今仍然具有 "耀眼" 的理

---

\*　基金项目：江苏省普通高校研究生科研创新计划项目 "南京国民政府监察制度研究"（CXZZ12_ 00333）、江苏省人民检察院检察理论研究课题项目 "检察机关调查核实权研究"（JSJC2018_ 13）。

\*\*　作者简介：征汉年（1968 - ），男，汉族，江苏盐城人，法学博士，南京师范大学法学院江苏高校区域法治发展协同创新中心研究员，苏州大学检察发展研究中心特约研究员，江苏省盐城市大中地区人民检察院检察长、高级检察官，全国检察理论研究人才，主要研究方向：法理（史）学、刑事法学和司法制度。

论价值和"朴素"的现实意义。

**关键词：**西方学说；廉政建设；权力监督；腐败治理；思想演变

# 一 引言

当前我国正在推进和完善监察体制改革，2018 年 3 月第十三届全国人大一次会议审议并通过的《宪法》修正案正式确立监察委员会的宪法地位，颁布了《监察法》（冯英楠，2018），并设立最高监察机关——国家监察委员会，整合原先政府监察机关和检察院（法律监督机关）的反贪部门与反渎部门的资源力量，"致力于构建全域立体监察模式"（石亚军等，2017），进一步优化职能配置，重构监察关系，提升监督质效，进一步强化对公权力的监督和对腐败的预防与惩治，实行全覆盖、无空白、零容忍的"集中统一、权威高效"（洪宇、任建明，2017）公权力监督监察体系，努力营造风清气正的政务环境来推进中华民族的伟大复兴。

任何政治制度改革都存在着对传统政治制度文化的"扬弃"与当代政治实践活动的"创新"过程。目前我国正在构建的新型国家监察体制以习近平关于反腐倡廉的重要论述为指导，客观分析了当前反腐败斗争的现实状况，整合监察资源，提高监察效能，并汲取中华传统的"纠察百官"监察御史文化（陈光中、邵俊，2017）、近代革命先驱孙中山先生"五权宪法"人民性监察权思想文化（征汉年，2018）和新中国"纪检监察"合署式集约化的公权力监督实践文化的精髓，尤其是总结提炼了中国改革开放后反腐败制度建设的经验教训，并借鉴和考量现代西方法治国家反腐败的法律运行模式（吴建雄，2017），在法治轨道上推进反腐败斗争向纵深发展，努力"构建不敢腐、不能腐、不想腐的长效机制"（张杰，2018），不断推进国家治理体系和治理能力现代化。

改革创制新时代的国家监察体制不是"简单地将监督权进行转移和重新配置"（刘艳红、夏伟，2018），更要突出监督监察权力的联合效应与监察权自身约束的问题。任何不受制约的权力总是会被滥用，"如果一种权力不遵守其界限，那么就会有损于其他权力"（迈耶，2002）。如何将我国反腐败斗争全面法治化，进一步规范监察权的良性运行，是廉洁建设必须面对的问题。本文在创新权力监督制度建设的同时，对域外权力监督制约理论学说的批判性考察和借鉴，尤其是将域外公权力监督制约思想的"中国化"，为中国特色社会主义事业高质量发展提供"他山之石"式借鉴与智力支持。从理论渊源来看，西方"政治思想从希腊人开始"（巴克，2010），经过欧美政治思想家的发展和完善，形成了相对比较成熟的权力制衡和监察监督理论，域外的政治权力监察理论值得中国在全面深化改革推进廉洁建设过程中加以借鉴。本文以西方权力监察思想的代表人物为主线，从古希腊时期、中世纪、西方启蒙和近代为时间序列进行概略考察解析，以求教于方家。

## 二　古希腊、古罗马时期政治权力与监督思想

古希腊、古罗马时期政治权力理论与西方法治文明具有深厚的历史渊源。近代中国资产阶级民主革命时期，从海外归来的革命人士将近代西方资本主义国家权力监督思想以西方民主政治制度传导到国内，并对西方国家议会监察制度进行批判和反思，构建出监察权与其他国家权力并行存在的思想（征汉年，2018）。从法学研究的视角来看，完全揭开西方法律发达的历史序幕，"仍然应当从古代希腊起笔"（何勤华，2007）。在古希腊的城邦安排不同的机构和人员来执掌立法、行政、司法等权力，这些权力机构相互之间基本上是横向的制约关系，使公权力得到有效的监督与控制，这是古希腊民主政治的"创举"，应"学习古希腊人的创新精神"（黄洋，2009）。在这里，我们不得不提到古希腊政治哲学家柏拉图。

### （一）柏拉图的哲学王与"美善民主城邦"的权力监督思想

古希腊政治哲学家柏拉图，作为精神完美主义思想者，他有着许多可圈可点的学说和观点。在政治学思想方面，柏拉图在《理想国》中，探讨了城邦权力的配置问题，用什么样的人来掌权成为争论的热点。他认为"哲学王"统治下的贤人政体就是最好的政体（柏拉图，1986）。柏拉图认为国家是城邦的基础，他把"爱欲规则"上升为法律的规则（郭俊义，2014）；"只有从真理出发才能达到正义"（谢文郁，2018），在现实生活中，不是所有人都能拥有智慧、看见真理，甚至多数人永远都看不见真理，任何人若不被"看见"（不受监督，包括哲学家本人），都可能腐败，故而最理想的国家并不能够实现，人只能满足于一种次一等的国家——法治国（何怀宏，2007），因此，在《法律篇》中，柏拉图放弃哲学王统治，主张实行混合君主制和民主制的混合政体，把个人统治与众人统治相结合（罗素，2004）。他分析道："有两种一切其他制度由之产生的母制，第一种母制的确切名词是君主制，第二种是民主制。"（柏拉图，2001）柏拉图对自然法高度推崇，他认为，法律与道德紧密联系，法律是约束人性的自私（任剑涛，2000），尤其是节制和自我克制"会产生最好的体制和最好的法律"（柏拉图，2003）。他倡导道德律在社会治理尤其是权力监察之中的重要性，美善城邦建设的关键是人们对权力与自身自由的警惕。

### （二）亚里士多德的"政体三要素说"与分权制衡萌芽的权力监督思想

古希腊哲学思想家亚里士多德在《政治学》中，从理论上深入探讨了什么是"最好的政体"，探索治理国家技术"如何达成至善的技术"（何彪，2010）。亚里士多德强调"正义"是评价一种政体的最高标准，"政治学上的善就是正义，正义以公共利益为依归"（亚里士多德，2012），而最好的政体应该就是最正义的政体，他推崇贵族与精英统治下的"共和政体"。亚里士多德认为，政体的稳定性意味着政体的公正性，政体的本质就是城邦公职的分配制度。在城邦里，中产阶级都具有中庸美德，不趋向于某一个极端（过美、过强或者过贵等），最能顺从理性，"最好的政治社会是中产阶级公民组成的"（李普塞特，2011）。亚里士多德认为，正义是维系城邦的核心，最完美的友爱是与好的法律成为社会共同体的"不可或缺"的因素（肖瑛，2017）。亚里士多德首次把国家权力划分为议事权、行政权和审判（司法）权，在立法上实行民主，行政上实行君主制（亚里士多德，2012）。亚里士多德的政体三要素说是分权制衡思想的萌芽，开创了西方权力制约思想的先河，其历史地位毋庸置疑。

### （三）西塞罗的"混合共和与人民监督"的权力监督思想

古罗马著名政治哲学家西塞罗在《论共和国·论法律》指出，国家是关于正义和福祉在人民的集合体中进行合作之事务。法律必须体现正义和公正，"恶法非法"。正义是最高的美德，即所有人的公共的善，"官吏的职能是治理，并发布正义、有益且符合法律的指令"（西塞罗，2002）。西塞罗从自然论出发，认同国家是基于人类本性的契约化的产物（黄基泉，2004）。本质上国家应当由人民所有，是"人民的事业"（西塞罗，1997）。在《论共和国》中，西塞罗认为，当全部事务的最高权力为一人掌握时，是君主制，与其并行的是以元老院为代表的贵族制和以保民官为代表的民主制（西塞罗，2006）。西塞罗推崇并倡导人民所组成的国家足以体现为"每个公民的权利和财富的主人"（西塞罗，2006）。西塞罗反对君主制和贵族制，极力倡导共和制（混合政体），他认为，现实世界的权力监督与制约并非人们想象的那样，权力监督最根本是依靠人民，并强调"尊重历史传统"和"先人习惯"（薛军，2013），而且，"公共理性优于个人理性"（侣化强，2016）。西塞罗指出，"真正的法律（vera lex）乃是正确的理性（recta ratio）"（西塞罗，2006）。并指出，导致罗马帝国衰落的根源在于国家治理者的德行"并非在于混合政体"（西塞罗，2006）。在西塞罗来看，早期罗马是值得怀念和推崇而且被理想化的国家制度，政治家的德行（于璐，2018）与自律才是权力制约的内在根本，人民监督是对政治权力的外部制约。

## 三　中世纪西方政治权力及监督理论

### （一）奥古斯丁的永恒之法与抑制"堕落之恶"的权力监督思想

欧洲中世纪基督教神学代表人物奥古斯丁在《上帝之城》中（奥古斯丁，2003），就政治权力与精神权力之间的关系进行了探讨与论证。奥古斯丁认为，人是平等的，只有服从于上帝而非其他人，"国家起源于罪"（丛日云，2003），国家违背了人类天性的平等，人对人的服从（包括奴隶制与政治服从）是罪（sin）的后果，不是世界的自然秩序，"社会起源于自然本性的秩序，但国家是植根于罪的安排"（夏洞奇，2004）；国家是人堕落之后的产物，其作用主要在于抑恶而非扬善。罪恶产生于人的自由意志（袁朝晖，2011）。国家起源过程是"意志—罪—分离—国家"的过程，意志之恶导致了始祖之罪，"恶的原因不是善，而是善的缺失"（奥古斯丁，2003）。奥古斯丁认为，国家不过是临时避雨的屋檐，而上帝才是驱散恶之乌云的太阳。并在自然法之上提出了永恒法的概念，为中世纪神学自然法划定了前提（柯岚，2014），也为公权力监督提供政治伦理学上的"正当性"和"合法性"支撑。

### （二）阿奎那的自然法学与正当政治的权力监督思想

托马斯·阿奎那吸收了亚里士多德关于国家权力起源于民众的思想，在《论君主政治》中指出，君主政体、贵族政体、平民政体都是好的形式。但是，人类社会中最好的政体就是一人统治的君主政体，因为一个人是自然的统一体，具有更强的团结性。因此，他认为：君主制是最好的政体，暴君政治是最坏的政体。因为暴君政治"在于获得统治者的私人利益"（阿奎那，1982），它没有可以言说的正义之内核，并提出人民有抵抗暴政的权利。他曾经就国家的权力正当安排提出独特的意见，认为正当政治必须是"大家都应当在某一方面参与政治"和参与到组织体系中所"涉及到政体或管理政治事务的形式"（阿奎那，1982）。对国家权力进行监督这是民众成为权力真正主人的权利。此外，阿奎那将法分为永恒法、自然法、神法和人法（实在法），阿奎那的自然法思想是理性与信仰结合的产物，在西方自然法思想史上起着承上启下的作用（段德智、刘素民，2007）。

（三）马基雅维利的君主威权与追求共和的权力监督思想

意大利政治思想家马基雅维利在《君主论》中，摆脱了宗教神学、道德伦理和形而上学的传统方法，他第一个用"人的眼光"来观察政治（王沪宁，1983），"从理性和经验中而不是神性中引出国家的自然规律"（马克思、恩格斯，1972）。马基雅维利认为，"人性本恶"，主张利用专制手段来统治人民，强化君主的绝对权威，君主如何有权威，必须有暴力和权力，他看到军队在维护权力方面的重要性，他认为："一切国家，其主要的基础乃是良好的法律和良好的军队"（马基雅维利，1997）。马基雅维利认为国家的产生是出于人性本身的需要，政治不是为了宗教、道德或者其他任何高远目标，政治家考虑的应该是权力，而绝非某种道德上的正义。马基雅维利在《李维史论》中，论证民众比君主更明智，在共和政体下的人民比君主更加谨慎、更加坚定并且有更好的判断力（刘训练，2011）。马基雅维利的共和思想散发着独特政治魅力，其理论与思想得到其后的许多政治家的吸纳与应用，有学者指出，马基雅维利的共和思想"甚至影响着美利坚合众国创建者的内在思想与理念"（Rahe，2006）。

## 四 西方启蒙时期政治权力及监督理论

### (一) 霍布斯的国家主权和国家集权的权力监督思想

英国早期著名的启蒙思想家霍布斯在《利维坦》中断言：人性是趋利避害、自我保存，永无休止地追求个人的利益。在国家产生之前，人类生活在自然状态下，社会充满暴力和混乱，人为私利而争斗，呈现"一切人对一切人的战争"（霍布斯，1996）。霍布斯认为，在理性的指导下，促使自然状态下的人相互订立契约，让渡部分个人的权利交给一个人或一些人组成议会，组建成国家，让它来维持内部的和平并抵抗外来的敌人（霍布斯，1996）。这个国家主权，无论是君主制、贵族制或民主制，都必须是一个"利维坦"，一个绝对的威权，人民必须绝对服从。霍布斯否定权力分立的理想，批判了君权神授论，确立了近代资产阶级国家学说的基本形态（贾海涛，2007）。

### (二) 洛克的"天赋人权"与分权制衡的权力监督思想

英国启蒙思想家洛克在《政府论》中，主要是对"君权神授"和"王位世袭"的批判以及对"君主立宪"的歌颂与"议会主权论"的构建。洛克第一次系统地提出"天赋人权"学说，"人们既生来就完全自由的权利"（洛克，1997）。洛克将财产权纳入了人的自然权利之中，构建了代议制"受托权力"理论和人民反抗政府权利（杨璐，2015）。洛克指出，一切权力都来自人民，"人民是法官这一命题的意义在洛克认证中不可分离地与人民的反抗暴政的权利联系在一起"（斯特劳斯、克罗波西，1993）。洛克提出政府是体现多数"公意"的统治，对民主制度并没有任何的偏爱（霍伟岸，2011）。洛克倡导有限权力的自由政府（Lamprecht，1918）。建议把国家权力划分为立法权、执行权和外交权三个部分，其中，立法权由议会掌握，执行权和对外权都由国王来掌握，并建议立法权高于行政权，防止权力滥用和专政，任何权力都应当受到一定的限制，按照洛克的分权理论和制衡思想建立起来的英国君主立宪制度，使英国获得了迅速发展。

### （三）孟德斯鸠的"权力分设"与控权防腐的权力制衡思想

法国启蒙思想家孟德斯鸠在《论法的精神》中，指出法律与政体、自然地理环境、自由、宗教、风俗习惯等各种因素有关系，法律与其自身历史之间也有关系，这些关系综合起来就构成了"法的精神"（孟德斯鸠，1997）。孟德斯鸠认为，"法，从广义上来说，就是由万物的本性衍生出来的必然关系"（孟德斯鸠，1997）。立法、行政、司法分设是理想的政治制度；议会行使立法权，君主行使行政权，法院行使司法权，权力之间不仅分立，而且要互相制衡，权力分设学说的精义在于权力制衡（尹志学，1998）。在权力制约方面，他那句被政治学者和法学研究者经常论及的"经验"："一切有权力的人都容易滥用权力"（孟德斯鸠，1997）——成为一个无法回避的定律。孟德斯鸠提出的追求自由、主张法治、实行分权的理论，对世界范围内的资产阶级革命产生了很大影响，"美国宪法之父"詹姆斯·麦迪逊说："在立宪问题上，自始至终被我们倾听和援引的，是著名的孟德斯鸠。"（戴格拉夫，1997）

### （四）卢梭的人民主权与共和国家的权力监督思想

法国伟大的启蒙思想家卢梭在《社会契约论》中旗帜鲜明地提出了人民主权论，指出国家只能是自由的人民自由协议的产物，最好的政体是人民共和国。卢梭认为，"人是生而自由的，但却无往不在枷锁之中"（卢梭，2005）。强者拥有强力并不保证他永远做主人，"强力本身不具有正当性"（黄裕生，2012）。卢梭认为，政治社会的起源可以追溯到最初的约定，而社会契约是"寻找一个结合的形式"（卢梭，2005）。卢梭也指出，在市民社会中，个人不服从任何其他个人，只服从于公意（社会意志），而这种"公意"源于全体公民的"共同利益"

和"共同人性"。一个国家要保持良好的政治状况，关键是在国家中公意占统治地位。卢梭否定了霍布斯的"君主主权论"、洛克的"议会主权论"、孟德斯鸠的"代议制论和分权论"（涂尔干，2003），将人民主权论推向顶峰（莱斯诺夫，2005）。卢梭指出，全体人民是主权者，"立法权力属于人民的，而且是只能属于人民的"，"政府只不过是主权者的执行人"（卢梭，2005）。当公意变成暴君的意志时，人民将用革命的权力将其推翻，既可以委任政府官吏，"也可以撤换他们"（卢梭，2005）。卢梭强调用法治代替君主专制政治，"对权力导致专制的趋向十分警惕"（刘时工，2014）。

### （五）狄德罗的自由平等与人权保障的权力监督思想

法国启蒙思想家狄德罗通过《自然哲学录》《对自然的解释》《关于物质和运动的哲学原理》等著述展示与坚持了国家起源于契约、君主权力来自人民协议的观点。狄德罗指出，能够实现人民自由平等的是适合人性的政体。狄德罗认为，人是社会交往的人，自由和理性是人所应有的，"自由是天赐的东西，每一个同类的个体，只要享有理性，就有享受自由的权利"（葛力，1963）。狄德罗把思想自由、信仰自由、言论写作自由和贸易自由等看成人的基本权利。他在阐述思想自由时说："我们尊重群众的信仰和舆论对思想自由的崇尚——后者是追求真理所绝对需要的。"（狄德罗，1992）他认为，"法律应是为所有的人，而不是为一个人制定的"（狄德罗，1992）。狄德罗指出，权力来自暴力，或者是通过契约建立的公意（北京大学哲学系外国哲学史教研室，1963）。人们面对暴力的压迫，拥有奋起反抗的权利。"一切立法者都应该为国家的安全和人民的幸福提供意见。"（葛力，1982：318）狄德罗从人本主义出发，在自由和平等的基础上，追求个人幸福和社会安宁，希望建立原始共产主义。狄德罗的《百科全书》所阐述的唯物主义为1789年制宪会议通过的《人权和公民权宣言》"提供了底本"（马克思、恩格斯，1975：395）。

### （六） 边沁的功利主义与代议制度的权力监督思想

英国著名功利主义哲学家边沁在《道德与立法原理引论》《政府片论》中以"功利主义"原理，即"最大幸福原理"作为人们行为的指导和规则的评价标准。他认为"所有利益有关的人的最大幸福"（边沁，2000）。边沁指出，任何法律的功利以"最大多数人的最大幸福是正确与错误的衡量标准"实现（边沁，1995）。而这种功利主义的福祉也是有边界的，即"在决定自己的生活目标时要考虑到什么是他人的正当权利范围"（金里卡，2011）。边沁认为主要是通过法律、理性和政治参与来实现"最大多数人的最大幸福"（边沁，1995）。边沁认为国家产生于人们服从的习惯，"组成社会的每个个人的幸福，亦即他们的快乐与安宁，是立法者所应该注意的唯一目标"（周辅成，1987）。国家主权者是具有一定性质的一个人或一群人，主权者的权威是无限的。在国家政治体制方面，边沁主张代议制度，废除世袭，实行选举，取消上议院，实行单一制的众议院。边沁的功利主义原理在当时的西方社会引起了一场悄然的革命，使革命思想焕然一新，充满了新精神（边沁，2002：45），而且适应了资本主义市场经济发展的需要（陈道德、杨爱琼，2012）。

## 五　近代西方政治权力及监督思想

### （一） 汉密尔顿等的联邦政体与分权制衡的权力监督思想

美国政治学家汉密尔顿等人在《联邦党人文集》中，对美国联邦政府的职责、中央与地方的权力分配、国家权力的分权与制衡、司法独立制度和联邦经济制度等进行了详尽的阐述。汉密尔顿等指出："联邦要达到的主要目的是：其成员的共同防务；维护公安，既要对付国内动乱，又要抵抗外国的进攻；管理国际贸易和州际贸易；管理我国与外国的政府交往和商业往来"（汉密尔顿、杰伊、麦迪逊，1989）。他们考察了英国宪法、孟德斯鸠关于权力分立的理论，对立法、行政、司法权力进行了考察分析，指出："把权力均匀地分配到不同部门，采取立法上的平衡和约束。"（汉密尔顿、杰伊、麦迪逊，1989）他们提出权力对权力的监督，"防御规定必须与攻击的危险相称。野心必须用野心对抗"（汉密尔顿、杰伊、麦迪逊，1989）。他们指出，人和政府都不是天使，主要依靠人民监督政府，还必须有辅助性的预防措施。国会的弹劾权是"立法机构手中驾驭政府行政公仆的缰绳"（汉密尔顿、杰伊、麦迪逊，1989）。同时，总统拥有的立法否决权是对立法权的必要制衡。立法、行政、司法分立，相互制衡，但是任何一方不得侵犯其他两方的权力（汉密尔顿、杰伊、麦迪逊，1989）。在汉密尔顿的理想中，混合政体"将会实现自由和权力之间的完美平衡"（汉密尔顿、杰伊、麦迪逊，1989）。美国建国初期权力制约理论最为突出：杰斐逊以人民主权论为基础的分权制衡理论和汉密尔顿以削弱立法权为宗旨的分权制衡理论，在美国创立中发挥巨大的作用。

## （二）托克维尔的分权与民主专制的权力监督思想

法国政治学家托克维尔在《论美国的民主》中提出，仅仅依靠分权制衡还不足以保证社会和个人免受国家权力的侵害，因为国家容易具有机会和能力超出自身的权限和范围，在美国"所有权力都归社会"，人民主权思想与理念"主宰着整个美国"（托克维尔，1995）。权力分立不能给个人提供足够的抗衡国家的力量，单纯靠"以权力制约权力"的方式，并不能始终取得最佳效果。托克维尔指出，美国作为一个移民国家，其民情就是形成了"爱平等和爱自由的习尚"，而且"平等自然会使人爱好自由制度"（托克维尔，1995）。信仰是国家的信心，爱国心是国家的基础，美国的公共精神培养了"理智的爱国主义"（托克维尔，1995）。托克维尔认为，现代民主社会所具有的最大危险在于可能出现"多数人的暴政"（托克维尔，1995）。此外，"地理环境、法制和民情"是维护美国民主共和制度的重要原因（托克维尔，1995）。托克维尔对"美国式民主"进行全面研究，以构建一套政治理论防止现代民主可能存在的流弊。肖恩·威伦茨在其经典著作《美国民主的兴起》中，把托克维尔视为系统研究美国民主的第一人（Wilentz，2005）。

（三）韦伯的理性工具与民主政治的权力监督思想

德国著名社会学家马克斯·韦伯在《政治作为一种职业》（*Politik als Beruf*）中提出：国家是在疆域内"垄断了使用暴力的正当权利"的人类共同体（韦伯，2006）。韦伯也暗示了社会会逐渐朝向一个理性合法的权威架构发展（韦伯，2006）。韦伯认为，"政治是政治家从事的事业（Enteiprise），而不是专业官所从事的管理（Administraiton）"（周尚君，2014）。政治是指权力的追求、支配和分享，"斗争是人类生存的本质"（舒炜，2002）。第一次世界大战后，韦伯曾经为建立德国的总统制继续奔走（比瑟姆，1989）。总统作为"民主的守护者"应当具有搁置否决权、解散国会权以及公民复决权等各项政治权力（韦伯，2004）。韦伯认为民主只是工具（韦伯，2004）。他对民主政治魅力型领袖与官僚铁笼之间互动的悲观态度，也对后世的民主理论，特别是熊彼得的精英政治学说，产生了极大的影响。

## 六 余论

西方国家关于权力监督与制约的思想探索源远流长，从古希腊柏拉图、亚里士多德和古罗马西塞罗的纯朴城邦民主监督思想，经历中世纪奥古斯丁、阿奎那等论证神教和自然法的正当性，突现对公权力滥用的防范监督思想，尤其是启蒙时期形成的权力分立监督制约思想，影响着人们对国家权力与廉政建设的思考路径。从某种意义上讲，西方国家在廉洁建设理论探讨中始终将人性之"恶"作为西方权力制约监督立论的道德前提。亚里士多德认为："常人既不能完全消除兽欲，虽最好的人们（贤良）也未免有热情，这就往往在执政的时候引起偏向。"（亚里士多德，1983）汉密尔顿认为："如果人都是天使，就不需要任何政府了。如果是天使统治人，就不需要对政府有任何外来的或内在的控制了。"（汉密尔顿、杰伊、麦迪逊，1989）随着经济社会的发展，政府职能随之变革，国家权力自我膨胀的潜在危险必然加剧。从人性的弱点、权力的特点与社会进化的角度来看，必须对权力进行制约与监督，让权力受制于民，服务于民。政府具有滥用职权的内在必然性，因此，必须加强对政府权力的监督。

在 1840 年以后，这些权力监督与制约理论，随着西方列强的坚船利炮，尤其是传教士的到来以及在中国兴办的西式教育，在中国逐渐得到传播和扩散，影响了包括中华民国缔造者和开国元勋在内的一大批有识之士的思想，为缔造中华民国奠定了民主共和与权力监督的思想基础。在这些立论前提和基本思想的指引下，许多国家构建并不断完善了以权力的制约与监督、法制的制约与监督、社会的制约与监督为主，以道德的制约与监督为辅的权力制约监督机制。考察西方国家政治权力监督制约理论，结合反腐倡廉建设的中国实践，借鉴和汲取西方有益的权力监督思想元素，将之和正确处理政治反腐与法治反腐、阶段性反腐与制度性反腐、治标策略与治本方略有机结合起来，构建起具有强大生命力的中国特色权力监督制约制度体系，不断推进中国廉洁建设向纵深发展。

## 参考文献

〔德〕奥托·迈耶，2002，《德国行政法》，刘飞译，商务印书馆。
〔古罗马〕奥古斯丁，2003，《上帝之城》，中国政法大学出版社。
〔古希腊〕柏拉图，1986，《理想国》，郭斌和、张竹明译，商务印书馆。
〔古希腊〕柏拉图，2001，《法律篇》，张仁智、何勤华译，上海人民出版社。
〔古希腊〕柏拉图，2003，《柏拉图全集（法篇）》，王晓朝译，人民出版社。
北京大学哲学系外国哲学史教研室，1963，《十八世纪法国哲学》，商务印书馆。
〔英〕边沁，1995，《政府片论》，沈叔平等译，商务印书馆。

〔英〕边沁，2000，《道德与立法原理导论》，时殷弘译，商务印书馆。

〔英〕边沁，2002，《道德与立法原理导论》，时殷弘译，商务印书馆。

〔英〕伯特兰·罗素，2004，《西方的智慧》，中国妇女出版社。

陈道德、杨爱琼，2012，《墨子和边沁之功利论思想比较》，《哲学研究》第 9 期。

陈光中、邵俊，2017，《我国监察体制改革若干问题思考》，《中国法学》第 4 期。

丛日云，2003，《西方政治文化传统》，黑龙江人民出版社。

〔英〕戴维·比瑟姆，1989，《马克斯·韦伯与现代政治理论》，徐鸿宾等译，浙江人民出版社。

〔法〕狄德罗，1992，《百科全书》，梁从诫译，辽宁人民出版社。

〔法〕狄德罗，2009，《狄德罗哲学选集：对自然的解释》，商务印书馆。

段德智、刘素民，2007，《托马斯·阿奎那自然法思想研究》，人民出版社。

〔英〕厄奈斯特·巴克，2010，《希腊政治理论：柏拉图及其前人》，卢华萍译，吉林人民出版社。

冯英楠，2018，《论〈监察法〉的宪法定位与腐败治理体系的发展》，《科学社会主义》第 3 期。

葛力，1963，《十八世纪法国哲学》，北京大学哲学系外国哲学史教研室编译，商务印书馆。

葛力，1982，《十八世纪法国唯物主义》，上海人民出版社。

郭俊义，2014，《论柏拉图的规则观》，《南京大学法律评论》春季卷。

〔美〕汉密尔顿、杰伊、麦迪逊，1989，载《联邦党人文集》，程逢如等译，商务印书馆。

何彪，2010，《亚里士多德与〈政治学〉》，人民出版社。

何怀宏，2007，《柏拉图〈理想国〉中的四隐喻》，《北京大学学报》（哲学社会科学版）第 5 期。

何勤华，2007，《关于西方宪法史研究的几点思考》，《北方法学》第 1 期。

洪宇、任建明，2017，《国家监察体制的历史演进与改革方向》，《理论视野》第 7 期。

黄基泉，2004，《西方宪政思想史略》，山东人民出版社。

黄洋，2009，《古典希腊理想化：作为一种文化现象的 Hellenism》，《中国社会科学》第 2 期。

黄裕生，2012，《社会契约的公式与主权的限度——论卢梭的主权理论》，《浙江学刊》第 6 期。

〔英〕霍布斯，1996，《利维坦》，黎思复、黎廷弼译，商务印书馆。

霍伟岸，2011，《洛克与现代民主理论》，《中国人民大学学报》第 1 期。

贾海涛，2007，《论霍布斯的权力哲学及其历史影响》，《哲学研究》第 10 期。

柯岚，2014，《奥古斯丁与神学自然法的奠基》，《西北大学学报》（哲学社会科学版）第 1 期。

刘时工，2014，《专制的卢梭，还是自由的卢梭——对〈社会契约论〉的一种解读》，《华东师范大学学报》（哲学社会科学版）第 1 期。

刘训练，2011，《马基雅维利与古典共和主义》，《政治学研究》第 4 期。

刘艳红、夏伟，2018，《法治反腐视域下国家监察体制改革的新路径》，《武汉大学学报》（哲学社会科学版）第 1 期。

〔法〕卢梭，2005，《社会契约论》，何兆武译，商务印书馆。

〔法〕路易·戴格拉夫，1997，《孟德斯鸠传》，许明龙、赵克非译，商务印书馆。

侣化强，2016，《国家理性的神学起源：西塞罗到中世纪再到霍布斯》，《人大法律评论》第 1 辑。

〔英〕洛克，1997，《政府论》（下篇），叶启芳译，商务印书馆。

〔德〕马克斯·韦伯，2004，《韦伯作品集Ⅰ：学术与政治》，钱永祥等译，广西师范大学出版社。

〔德〕马克斯·韦伯，2006，《经济与社会》（下），林荣远译，商务印书馆。

〔意〕马基雅维里，1997，《君主论》，潘汉典译，商务印书馆。

马克思、恩格斯，1972，《马克思恩格斯全集》第 1 卷，人民出版社。

马克思、恩格斯，1975，《马克思恩格斯选集》第 3 卷，人民出版社。

〔英〕迈克尔·莱斯诺夫，2005，《社会契约论》，刘训练等译，江苏人民出版社。

〔法〕孟德斯鸠，1997，《论法的精神》，张雁生译，商务印书馆。

任剑涛，2000，《中西政治思想中的伦理际遇》，《政治学研究》第 3 期。

石亚军等，2017，《国家监察体制：全域立体监察模式的构建》，《中国行政管理》第 10 期。

舒炜，2002，《施密特：政治的剩余价值》，上海人民出版社。

〔美〕斯特劳斯、克罗波西，1993，《政治哲学史》（下），河北人民出版社。

〔法〕涂尔干，2003，《孟德斯鸠与卢梭》，李鲁宁译，上海人民出版社。

〔法〕托克维尔，1995，《论美国的民主》（上），董国良译，商务印书馆。

〔意〕托马斯·阿奎那，1982，《阿奎那政治著作选》，马清槐译，商务印书馆。

王沪宁，1983，《马基雅维利及其〈君主论〉》，《读书》第 3 期。

〔加〕威尔·金里卡，2011，《当代政治哲学》，刘莘译，上海译文出版社。

吴建雄，2017，《加快构建中国特色社会主义国家监察理论》，《环球法律评论》第 2 期。

〔古罗马〕西塞罗，1997，《论共和国·论法律》，王焕生译，中国政法大学出版社。

〔古罗马〕西塞罗，2002，《国家篇·法律篇》，沈叔平、苏力译，商务印书馆。

〔古罗马〕西塞罗，2006，《论共和国》，王焕生译，上海人民出版社。

〔美〕西摩·马丁·李普塞特，2011，《政治人：政治的社会基础》，刘钢敏、聂蓉译，上海人民出版社。

夏洞奇，2004，《现代西方史家对奥古斯丁政治思想的解读》，《史学史研究》第 1 期。

肖瑛，2017，《家国之间：柏拉图与亚里士多德的家邦关系论述及其启示》，《中国社会科学》第 10 期。

谢文郁，2018，《解构性的正义概念》，《北京大学学报》（哲学社会科学版）第 4 期。

薛军，2013，《西塞罗：一个罗马人》，《读书》第 5 期。

〔古希腊〕亚里士多德，1983，《政治学》，吴寿彭译，商务印书馆。

〔古希腊〕亚里士多德，2012，《政治学》，吴寿彭译，商务印书馆。

杨璐，2015，《从洛克到休谟：论英国政治社会思路的转向》，《社会》第 6 期。

尹志学，1998，《分权制衡与现代法治》，《法律科学》第 4 期。

于璐，2018，《西塞罗〈论共和国〉中罗马改制的理想与现实》，《海南大学学报》（人文社会科学版）第 5 期。

袁朝晖，2011，《"中世纪哲学：立场与方法"学术研讨会综述》，《世界宗教研究》第 1 期。

张杰，2018，《〈监察法〉适用中的重要问题》，《法学》第 6 期。

征汉年，2018，《论孙中山监察思想的基本特征》，《原道》第 34 辑。

周辅成，1987，《西方伦理学名著选辑》（下），商务印书馆。

周尚君，2014，《重建国家：韦伯法政哲学研究笔记》，《金陵法律评论》秋季卷。

Alexander Hamilton，1788．"Speech on the Senate of the United States."（Jun 25）*Works* Vol Ⅱ：52.

Lamprecht，S. P.，1918. *The Moral and Political Philosophy of John Locke*，New York：Columbia University Press.

Paul A. Rahe，2006. *Machiavelli's Liberal Republican Legacy*，Cambridge：Cambridge University Press.

Sean Wilentz，2005. *The Rise of American Democracy：Jefferson to Lincoln.*，New York：W. W. Norton& Company.

廉政学研究　第 2 辑

第 102～113 页

# 结构与功能：权力监督的生态分析<sup>*</sup>

吴永生<sup>**</sup>

**摘　要：** 国家、社会在功能与结构上的先后分化，最终唤醒了民众的主体意识和公共精神，也开启了权力运行的生态化进程。沟通国家与社会的一体两面性使得权力主体在承受体制内外监督压力的同时，也拥有两者的丰富资源，进而使得权力监督在形成立体化生态结构的同时，也发挥着综合性的生态功能。在生态结构层面，监督主客体逐渐由形式化并存走向个性化共生，进而实现了权力监督的常态化和初步生态化。在生态功能维度，监督主客体则由功利性监督逐渐走向道义性监督，进而推动差异中的互抑走向和谐中的共赢。随着监督生态的结构完善和功能优化，具有不同诉求的监督主体不仅能够形成更大、更持续的监督合力，而且将与监督客体在更多共识和合作中规范权力运行，加快权力文明进程。

**关键词：** 权力监督；监督生态；生态结构；生态功能

---

* 基金项目：本文为国家社会科学基金后期资助项目"权力视阈中马克思的政治理论与实践"（17FKS008）和山东省社科规划项目"大数据时代的社会监督模式研究"（18CZZJ04）的阶段性成果。

** 作者简介：吴永生，临沂大学马克思主义学院教授，研究方向为权力哲学与权力监督。

鉴于其广泛、深远的影响，权力运行日益承受着国家与社会的双重监督，权力监督也因此成为理论和实践的重要议题。为此，该领域在主观努力和客观积累的同时，也应及时借鉴其他学科的方法和观点，实现更加规范和持续的发展。权力监督作为民主法治的主要方式和现实路径，渐具明确的制度依据、广泛的社会基础和广阔的发展空间，其主客体和其他生命一样，既有从外部获取生存资源、自保求生等共性需求，又有个体的自主性和动态性、监督诉求的多样性以及由此形成的结构与功能方面的特点，因而可以借鉴生态学的思维，遵循差异性、整体性和平衡性等基本规定开展研究（布克金，2012）。因此，以生态学的方法和观点考察权力监督的现实困境、应然追求和实现机制，贯通其生态学的研究路径，揭示其中的生态智慧，同时形成具有生态学特质的研究成果，不仅具有相应的理论基础与逻辑依据，而且也不失为一个有趣、有益的创新之举。

## 一　权力监督中的生态智慧：监督与生态学的共通

继国家与社会长期的功能分化，商品经济也显著加快了两者的结构分化，并逐渐将这一分化普及为全球化趋势。在此背景下，觉醒的社会逐渐拥有监督权力的依据和资源，并要求国家通过持续的制度创新保障这一权利（刘京希，2012），以至于能否以及在何种程度上提供这一保障，已成为衡量制度科学性和先进性的重要尺度，那些既能直接体现国家意志又能及时回应民意诉求的权力运行更是成为权力监督的重点对象，而逃避监督的权力即使易主后也无法改变其继续被监督的命运。权力监督不仅分别从国家与社会的层面对权力运行做出了规定，而且要求它们在兼顾彼此中产生更大影响和更佳效果，也就是说，国家与社会对权力运行的各自期待只有兼顾对方的基本诉求，才能与对方形成监督合力，因为缺乏社会的认同和配合，体制内监督会因单向性导致的缓冲空间和回旋余地而难以有效落实国家意志；而缺乏科学的制度保障，体制外监督也无法实现监督诉求，甚至会因诉求多样化而胎死腹中（吴永生，2012）。这样，国家与社会的共同在场和相互协同也就成为权力监督常态化和制度化的现实前提。一方面，在产生与负责、决定与执行的机制作用下，行政权、监察权和司法权都要接受立法权的监督，三权之间及其内部也分别存在相互制约和相互监督的关系，进而形成了体制内监督的制度架构，并为体制外监督提供了制度保障。另一方面，作为一种体制外因素和终极性力量，社会日益以个体或组织的形式发挥作用，既能够直接臧否权力得失，又可以通过体制内监督优化权力运行，并对其保持常态的社会压力。这样，权力监督中不仅存在国家－社会框架下的宏观结构，而且在国家与社会的各自领域内形成相对微观的主体构成，进而以体制内和体制外的不同构成与机制，在相互促进中共同规范权力运行。

然而，在日益常态化和制度化的权力监督中，其主客体并不是消极乃至被动的客观存在，主客体的自主性和能动性作为自变量，与其他因素相结合，使得权力监督充满了变数。而这些因素在呈现个体性、差异性和失衡性的同时，也具有渐趋整体性、统一性和平衡性的内在机制，因为权力监督的主客体既有作为个体存在的个性诉求，又因其社会性而具有相应的共性需求，即使个体间存在相异相克的矛盾，也无法否定各方的共同诉求与权力监督作为公共领域的属性和功能。这就意味着，监督主客体可能会在宏观和微观层面产生暂时或局部的失衡，但最终仍能够在相互博弈和各自调适中实现各方力量的动态平衡，并表现出生态学的机制、特征与生态化的趋势，进而意味着生态学能够为权力监督提供学科借鉴和理论基础。一方面，与一般意义上的生态一样，监督主客体也是多样性的自然存在。在监督实践中，作为监督客体的权力主体也并非一个整体性存在，监督客体的集体身份和制度角色也不代表其都会始终表现为同一种面相，甚至会罔顾日益明确的制度规定，展现其自然性的本色一面。由此推论，从个体到所在机关及其上下级机关，再到其他国家机关，体制内监督主体之间的差异性会随着监督因子的丰富和壮大，在主体构成上表现出动机、能力、方法和手段等方面的差异性。相比之下，制度意识明显匮乏的体制外监督主体在动机上更加多元，其表现也更具不确定性。另一方面，与一般意义上的生态一样，监督主客体也会在利益博弈和社会化机制中形成整体诉求。在监督实践中，分歧、矛盾乃至冲突当然主要发生在主客体之间，但又不局限于此。对于监督主体而言，体制内和体制外的关注自然存在明显差异，如宏观和微观、程序和实体等方面的矛盾。即使对体制内监督主体而言，不同国家机关的动机也不尽相同，监督活动既有多寡和宽严之分，又有主动和被动之别，更遑论体制外监督主体变动不居的差异性。对于监督客体而言，对职业角色和权力发展的不同认识也会导致其坦然面对抑或设法逃避监督，当然也不乏有人将监督压力视为自我提升的内在动力。但是，即使监督活动因监督主体的进退和多寡而不断变化，也因监督客体的动机和态度而产生时间、效果等方面的差异，其中诸多因素的不确定性仍不能扭转监督目的日益明确、监督力量日益壮大、监督行为日益规范的确定性趋势，也不能改变权力监督在积累和完善中规范权力运行的良好势头，因此在此宏观生态中逐渐形成规模不同、机制各异的微观生态，进而推动权力监督和权力运行的生态化。因此，权力监督的生态有必要且可以在结构与功能的视角下进行进一步的分析。

## 二 从并存到共生：权力监督生态的结构完善

立足形而上的视角，作为一种具有明确利益取向的社会关系，权力在不同时空中以其整合功能与协调功能的不同组合，形成了规模不一、类型各异的共同体，也以其与人类社会共始终的永恒性体现着自身价值（吴永生，2016）。虽然在起源之初，权力也曾长期保持社会性与公共性的完美统一，但阶级产生与政治出现还是严重侵蚀了权力属性，催生和固化了权力异化，而异化的权力又在人类的曲折发展中开启了辩证回归的进程，也必将随着国家的消亡，在更高形态上全面重现其社会性与公共性。当然，权力辩证否定的发展也不是短期内即可实现的，仍需要人类社会的不懈努力，尤其是在反思和担当中与权力异化进行持续斗争，而不是坐享他人的奋斗成果，或自感进步缓慢而怀疑权力发展的确定性。在生态学的视角下，权力监督生态的形成和发展首先应当具有众多的生态因子，即不仅监督主客体数量众多、诉求与力量各异，而且还要有数量更多、动态进退的潜在力量以及其他监督资源。就此意义而言，尽管权力监督的生态化进程已有时日，也只有当下对其进行生态学分析才具有现实意义，因为在前资本主义的政治生活中，甚至在之后的相当长时间内，普通民众根本无法置喙权力运行，怯于审视和批判权力的现象普遍存在，偶尔的抗争也难以形成制度性的成果，国家也因缺乏足够的压力和动力而疏于对权力主体进行有效规制，更遑论常态化的实质性监督。在我国，权力监督在改革开放之前也多存在于体制内，来源于执政党的政治自觉，之后随着经济发展、社会进步以及公民意识的觉醒、公共精神的壮大，才逐渐成为政治参与的重要领域，并呈现出常态化趋势。时至今日，关注乃至投身监督的力量及其影响力持续上升，而且日益拥有科学的制度保障，因此社会成员和监督主体的重叠程度稳步提升，并在日益增多的领域和日益开放的环境中，以不同的数量或影响方式表达不尽相同的关切。这样，在日益活跃的监督实践中，监督主客体不仅在各自环境中形成机制不同、动机各异的微观生态，而且在多方博弈中融汇成更为宏观的监督生态，进而以各自诉求活跃于其中，并在生态机制作用下推动监督资源的吐故纳新与监督生态的持续发展。

然而，国家与社会的结构分化仍未使民众普遍摆脱传统束缚，其历史包袱依然沉重，以致体制内的制度供给与体制外的全民觉醒以及在此环境中的监督实践，也只是实现了权力监督的初步生态化，因为尽管有明确的制度保障，很多监督资源依然蛰伏，尤其是民众普遍满足于消极公民的状态，一些现实的监督力量也只在切身利益受损的情况下才勉强行动；而面对并不持续更不强大的体制外监督，体制内监督主体通常也只是重复日常事务，仍疏于在见微知著和未雨绸缪中持续加强制度创新；同样，面对形式化存在的监督主体，监督客体并无明显压力，自然也难有主动进行自我提升的担当。换言之，这种初步生态化也只表现为监督主客体的结构化，仍有进一步完善的必要性与可能性，即权力监督的生态化不能仅表现为相应的制度安排和数量空前的监督因子，无论是个人利益的切实维护，还是社会利益的持续提升，都需要相关力量超越其形式化存在，成为真实发力的监督力量和名副其实的监督主体。由此可见，相对于监督主客体的形式化并存，其在国家－社会框架下的个性化共生更为重要，即主客体都应立足自身的社会性与自主性，以其积极行动响应权力监督的常态化与制度化趋势，同时合力营造开放性的监督环境，推动更多力量由形式化在场发展为实质性参与。在此过程中，居于主导地位的监督主体尤其不能无视相关的制度安排，也不能仅满足于其自在意识和自发行为，而应在制度保障下努力提升其自为意识和自觉行为，同时倒逼监督客体素质的持续提升，进而使其在权力文明形成和社会发展中共同发挥更大、更可持续的创造力。否则，监督主体不仅无法发挥其身为社会主体的地位和作用，而且会丧失其在监督活动中的主导功能，逆转权力监督初步生态化的良好势头，甚至陷入反生态的困境，更遑论更多力量投身监督的自愿性和积极性以及监督客体设法提升其职业素养的可能性。

令人欣慰的是，通过反复积累的经验和教训，国家与社会已逐步认识到监督主客体从并存到共生的必要性与可能性，并在制度创新和生动实践中，推动更多无意识、无行动的潜在力量成长为现实的监督力量，同时重新定位各自的角色功能。在此背景下，权力主体已不再一味延续高高在上、我行我素的传统风格，能够逐渐以监督客体的身份关注和回应监督诉求；体制内监督主体也开始认识到自身在权力主体之外的制度角色，并与监督客体保持一定的角色距离，进而在相对主动依法监督的同时，注重发挥其联结监督客体和体制外监督主体的中介功能；体制外力量也不再满足于社会进步的既有成果及自身现有的社会地位，逐步认识到自身可以监督权力的权利，甚至将其上升到法定义务的高度，进而在常态化的监督活动中推动权力的规范运行。这样，权力监督的生态结构也开始由曾经全部指向监督客体，逐步转向监督主客体的相互平衡与相对制约，进而由形式化并存逐步发展为个性化共生，也避免了监督因子的衰减和单一化以及监督生态的趋同、恶化乃至死寂的风险，并在持续完善中不断优化生态功能，规范权力运行。

## 三 从互抑到共赢：权力监督生态的功能优化

从国家出现及其与社会的功能分化，到两者的结构分化，国家对于社会的异己性不仅始终存在，而且渐成共识，因为"如果完全没有社会冲突，政治制度便没有必要存在"（亨廷顿，1988）。由于自治能力尚不敷用的社会仍离不开国家的管理，国家自然也无法即刻着手消除其对于社会的异己性，两者之间的矛盾仍将长期存在。这样，作为国家意志的代表，权力主体以外在于社会的方式处理社会矛盾、控制社会冲突；作为社会的现实必需，权力主体又不能机械执行国家意志，也要对民意做出适当的自主反应。因此，权力主体不可能因为前一种身份而罔顾民意，也不可能因为后一种定位而疏远国家，因而不可避免地承受国家与社会的双重压力以及体制内外的监督。权力运行由曾经的普遍随性到当下的广受监督，也意味着监督客体并非毫无抵触和逃避监督的冲动，至少会在一定程度上与监督主体形成情绪对立，以致监督实践中普遍存在监督和反监督的互抑状态。在体制内监督中，并非所有监督客体都能对监督诉求从善如流，监督主体也不总能认真对待和真诚回应体制外诉求；在体制外监督中，并非所有的监督活动都能基于同一动机或标准，即使监督主体之间也始终不乏互抑的企图。换而言之，几乎所有力量都心存利益最大化的企图，甚至以零和博弈的方式应对权力监督：面对监督的监督客体或置若罔闻，或设法逃避，甚至以极端的方式煽动民意抵制监督；监督主体或毫无制度意识、底线思维，或事无巨细地穷追猛打，即使所费不赀也在所不惜。尤其在网络技术日益普及的当下，体制外监督主体往往利用其虚拟身份，放下对权力的顾虑或怯意，无节制地表达虚拟空间中的任性，以致权力监督逐渐成为恣意暴戾乃至恶意中伤的大本营（杨嵘均，2011）。面对体制外监督的模糊目标和任性表现，体制内监督主体自然也疏于反思其监督不力的责任，更不会追问相关制度的缺陷，而是可能更多在舍卒保车中敷衍民意，在就事论事中平息事态，以致深层次问题依然故我，监督生态难以优化。这样，特定利益的最大化诉求也许能暂时遂愿，却极易因其盲目、无节制和片面而充斥不法的冲动（马克思、恩格斯，1995），并给其他利益诉求造成更多的不确定性，而由此引发的更多类似冲动则意味着监督生态恶化与社会利益受损在所难免。

互抑的监督生态不仅是理论演绎的结果，而且在监督实践中也不鲜见，即使官民关系由曾经的官强民弱趋势性地转向民强官弱，仍无法扭转其常态失衡的局面，以致体制外力量对权力监督的无意识或无理性、监督客体对权力监督的抵触或逃避，仍是监督实践中主要表现，也难以发挥权力监督的公共属性，更遑论锻炼和提升公民素质、规范权力运行的巨大潜能。作为对此趋势的纠偏，监督主客体自然应当在经验和教训中及时认识到权力监督和权力运行的公共属性，尊重并维护各方的正当诉求，同时摒弃自身利益最大化的企图，确保各方力量在监督实践中的正和博弈，以共赢局面推动社会利益的最大化。这样，坚持共赢理念既是遏制和扭转互抑冲动的现实需要，又能促进监督实践持续规范，确保权力始终运行于褒贬及时、宽严适度的监督生态中，因而理当成为优化监督生态的价值取向。在遏制和扭转互抑冲动的基础上，以共赢理念优化监督生态，必然意味着监督标准既不会偏袒主体或客体，也能避免朝令夕改，进而意味着监督活动只能依法实施。"法律是肯定的、明确的、普遍的规范，在这些规范中自由获得了一种与个人无关的、理论的、不取决于个别人的任性的存在。"（马克思、恩格斯，1995）这就意味着制定良好的法律在关闭任性之窗的同时，也必定开启自由之门。因此，共赢理念必然要求主客体双方心存敬畏，远离法律底线，并要求双方以公共善的意志直接触及其内心世界，强化其内在的责任感和义务观念，进而从单纯纠偏和规范权力运行，逐步转向对人性的自我规范和自我提升，为监督生态和权力生态营造持续向好的社会氛围。显然，一旦监督主客体能够自觉成为"遵从拥有自身理性的光芒带来的智慧、发出没有外来强制的良心的呼声的善良的人"（阿伦特，2007），自然会依法维护自身的正当利益，又会尊重他人的合法利益，进而使得所有人在公民德行的彰显中更加坚定地优化监督生态，以持续提升其预期利益和公共利益。

令人欣慰的是，追求共赢的监督生态并不止于理论分析和主观愿望，已经在反思和纠偏中表现出良好的发展势头。尤其是经过监督生态一度恶化的教训之后，在摇摆中不断调适的监督客体也逐渐找准了自身的定位和职能，既在不断完善制度供给的同时依法行使权力，又逐渐习惯于常态化和制度化的权力监督，权力运行的动力和压力渐趋平衡，膨胀的个人欲望与失范的权力运行则面临着道德、行政乃至法律的现实压力。而同样置身其中的体制内监督主体能够更加主动地维护国家意志，客观对待权力运行和其他监督诉求，进而在发挥其中介功能的同时，尊重与维护国家与社会此消彼长的趋势。体制外监督主体也逐渐认识到功利性监督的局限性，转而在此基础上更多诉诸道义性监督，用其稳步提升的公民德行客观臧否权力运行，为权力的规范运行贡献其智慧。这样，随着各方动机和手段渐趋理性，体制内外交流、上下联动、多维开放、虚拟与现实互动的监督生态已渐成现实，监督主客体更是在德行自觉中不断提升其公民德行（史彤彪，2018），进而在监督生态和权力生态的相互促进中初现共赢的端倪，权力运行也因此呈现出逐步规范的趋势。

## 四 共生共赢：权力监督生态结构与功能的互动

历时审视权力监督的生态变迁，相对于监督活动的长期蛰伏和权力运行曾经的随性，权力监督的普遍化和多种力量并存的监督生态本身就意味着进步，敢于维护自身利益的进步性更是不遑多让，毕竟面对权力主体一贯的职务优势和制度资源，即使当下也并非所有人都能放下对权力的敬畏，甚至还怯于维护其正当利益，更遑论勇于批评乃至纠正失范的权力运行。否认这一进步是狭隘的，满足这一进步则是可笑的。从并存到共生的结构变迁只是人类自然性的真实流露，也只意味着监督力量日益壮大，监督活动日渐常态，但监督力量的不缺位并不意味着不越位，也不能有效防范人类能动性滋生的互抑冲动，更遑论所有力量都能理性反思其诉求和主张，实现各方利益的最大公约数。而各种监督力量基于本能的相互角力，尤其是主客体之间的相互颉颃，除了在以己度人中延续人性本恶、官民相异相克的传统认知，加剧各方无所不用其极的冲动外，并不能深化各方对其社会性的理解和对责任或义务的担当，减少其示强占优的冲动，监督因子减少、生态结构失衡和生态功能弱化自然在所难免，社会也极易沦为"一切人反对一切人的战场"和"私人利益跟特殊公共事务冲突的舞台"（黑格尔，1961）。相对于共生结构满足于人的自然性与自利性，在此基础上形成的共赢理念则更多在功能层面强调了人的社会性与互利性，扬弃了共生结构的局限性与互抑冲动，明确了监督生态的优化理念。因此，自古以来人类都对"自利"心存戒备（杨春学，1998），共和主义强调"个体对政治共同体繁荣的责任优先于个体性权利"（多布森，2007），也并非毫无现实性，自然可用于对监督各方的希冀，更应成为优化监督生态的道义基础与应然追求。这样，当所有意欲监督的力量都能在法律底线之上表达其关切和诉求，且能免于无妄之灾，也就意味着其在不同规模的监督生态中形成了相应的均势，任何一方也不能自以为是而排斥他人，其自身利益也会因广受尊重而更加可期，各方超越一己之私的共赢局面自然会水到渠成。更为重要的是，在共赢理念的引导下，任何一方既能自尊自爱，又能以同理心待人，进而能够根据其资源和能力，以各自方式畅通意见表达，完善制度供给，以在各要素的良性互动中形成充满活力的生态机制，监督生态自然能够在新陈代谢中实现力量平衡和资源共享，并开启持续优化的坦途。

相对于共生的监督结构对监督功能和监督生态的推动，共赢的监督功能对监督结构和监督生态的引领也不遑多让。监督活动中的互抑动机意味着任何一方都会以自我为中心，偏执地占据道德高地，一味地贬斥异己的话语权，他人的正当权益、权力运行的公共属性和社会利益的可持续并不在其考虑范围，也必然意味着各方力量随时会遭遇被排斥的风险，监督力量的萎缩、监督因子的减少乃至监督生态的恶化和权力运行的失范也因此存在很大的发生概率。更为不堪的是，这种充满强制的排斥性机制还会因为权力监督的日常性和基础性而蔓延至其他政治活动中，进而恶化政治生态，在更大范围内催生冷漠或冲动的政治行为。"道德用于律己，胜过一切法律，用于律人，则形同私刑，后患无穷。"（吴永生，2016）相对于互抑动机恶化监督生态的后果，在监督活动中秉持共赢理念的任何一方都不会自视甚高，更不会我行我素或贬斥其他力量，也就意味着其不仅会依法维护自身正当权益，而且在以人度己方面也不落人后，不会因为一己之私而兴风作浪或推波助澜，因而能够在自我反思和自我约束中规范多样性的监督诉求，进而为优化监督生态奠定良好的社会基础。在此背景下，秉持共赢的权力监督既能有效消除监督主体的私利诱惑，又无须担心权力主体的强势与任性；坚持共赢的权力运行既能拥有相应的自由裁量空间，又不用担心外界的过度干预。这样，预期不足或过度的监督主体会逐渐找到监督标准与诉求依据而收敛其不当诉求，更因其正当权利无虞而包容与联合其他力量，能够客观对待权力运行；心存敬畏的权力主体必然因明确的制度保障而依法用权，无须因为外部压力而面临多种风险。这样，权力监督与权力运行都可以在共赢理念的引领下，相对独立又相互制约地开展，这规定着彼此不至于明显偏离制度轨道，以使所有力量都会得到尊重，所有诉求都有发声的机会，而不用担心因偶尔的不当言行即被剥夺话语权，沦为权力监督的局外人。在此背景下，弱小的力量也能获得承认和成长的机会，强大的力量也不会受到优待，各种力量自然会在各自空间里成长壮大，生态结构也就具备了自我调节、自我修复的优化机制，生态的多样性、差异性、整体性和平衡性也因此具有可靠保障。而监督双方从互抑的低谷攀升到共赢的高地，既能防止被膨胀的私欲吞噬，避免在"以恶制恶"中恶化监督生态，又能在保障正当诉求的基础上，在共同止损的同时联手增益，在道德合作中从容地丰富和提高其公民德行，进而优化监督生态和权力生态。因此，作为合理性、普遍性与必然性的有机统一，共赢不应只是少数人的特殊禀赋与崇高境界，而应成为所有人的共同目的与行动指南。如此，显著优化的监督生态、日益规范的权力运行和稳步提升的权力文明自然指日可待。

## 参考文献

〔英〕安德鲁·多布森，2007，《传统公民权的"生态挑战"——从政治生态学看公民权理论》，郭晨星译，《文史哲》第 1 期。

〔美〕布克金，2012，《自由生态学：等级制的出现与消解》，郇庆治译，山东大学出版社。

〔美〕汉娜·阿伦特，2007，《马克思与西方政治思想传统》，孙传钊译，江苏人民出版社。

〔德〕黑格尔，1961，《法哲学原理》，范扬等译，商务印书馆。

刘京希，2012，《试论政治发展的生态化路径选择》，《文史哲》第 2 期。

马克思、恩格斯，1995，《马克思恩格斯选集》第 1 卷，人民出版社。

〔美〕塞缪尔·亨廷顿，1988，《变革社会中的政治秩序》，李盛平译，生活·读书·新知三联书店。

史彤彪，2018，《公民德行与法治转型》，《华东政法大学学报》第 3 期。

吴永生，2012，《警务监督理论研究》，中国人民公安大学出版社。

吴永生，2016，《有罪推定：权力监督的理论基石》，《行政论坛》第 5 期。

杨春学，1998，《经济人与社会秩序分析》，上海三联书店、上海人民出版社。

杨嵘均，2011，《论虚拟公共领域对公民政治意识与政治心理的影响及其对政治生活的形塑》，《政治学研究》第 4 期。

# 对策研究

廉政学研究 第 2 辑
第 117～132 页
© SSAP，2018

# 新体制下纪检监察机关派驻机构作用研究

张国岚　赵　巍　陈　辰*

**摘　要：**在纪检监察机关派驻机构改革深化的过程中，派驻机构应当适应国家监察体制改革新形势和自身承担的职责任务、工作特点，进一步强化政治建设，推进法治化、制度化、规范化、职业化，着力在以下四个方面做出回应：一是正确处理"监督"与"再监督"的辩证关系，严格落实"两个责任"；二是化解制约因素，充分体现派驻优势和权威；三是做好纪法并行与衔接，强化工作机制规范性；四是高度关注队伍建设，释放内部活力，进一步彰显"探头作用"，提升派驻监督质量。

**关键词：**全面从严治党；派驻监督；国家监察体制改革

党的十八大以来，以习近平同志为核心的党中央把健全党和国家监督体系作为推进国家治理体系和治理能力现代化的重要一环，高度

---

*　作者简介：张国岚，女，（1966－　　），河北省纪委监委驻省社科院纪检组组长、编审，研究方向：廉政学；赵巍，男，（1976－　　），河北省纪委监委驻省社科院纪检组副处级纪检监察员、副研究员，中国社会科学院马克思主义学院法学专业 2016 级博士研究生，研究方向：廉政学；陈辰（1983－　　），河北省科学院机关纪委高级经济师，研究方向：管理学、廉政学。

重视纪检监察派驻机构建设，着力发挥派驻监督作用。"全面落实中央纪委向中央一级党和国家机关派驻纪检机构"（习近平，2014）；"加强对派驻纪检组工作的领导，督促被监督单位党组织和派驻纪检组落实管党治党责任"（习近平，2017）；等等。这些重要论述思想深邃、内涵丰富，具有很强的指导性、针对性，为深化派驻机构改革、强化派驻监督提供了根本指南。2014 年 12 月，中央政治局常委会审议并通过的《关于加强中央纪委派驻机构建设的意见》，重新定位了派驻机构职能，明确了派驻机构与驻在部门是监督与被监督的关系，提出了驻在部门履行主体责任、派驻机构履行监督责任的"两个责任"，派驻机构不再承担驻在部门党风廉政建设的日常工作。2015 年 1 月，中纪委向中共中央办公厅、中组部等 7 家中央和国家机关派驻纪检组。2016 年，经过优化整合，中央纪委按照派驻纪检机构改革方案要求，完成对 139 家中直和国家机关单位全面派驻任务。之后，各省区市参照中央方案，也相继进行了派驻全覆盖改革。2018 年 3 月份以来，伴随着国家监察体制改革的深入和中共中央《关于深化中央纪委国家监委派驻机构改革的意见》颁布，新一轮派驻机构改革方兴未艾。通过一系列的体制改革，逐渐"建立了集中统一的反腐败机构，形成权威高效的国家监察体制"（马怀德，2016），构建出愈加严密的监督体系。把纪检监察机关派驻监督融入党和国家监督全覆盖，既是充分发挥派驻监督"探头"作用的重要举措，也是实现监督全覆盖、健全党和国家监督体系的必然要求。派驻机构实质是上级纪委对下级纪委党组织监督的一种机制，是党实现自我监督的重要形式，其本质是党内监督（杨国章，2017）。在深化派驻机构改革的过程中，如何深度彰显"派"的权威和"驻"的优势，进一步擦亮"探头"，使制度优势转化为治理效能，实现派驻监督职能优化协同高效是需要研究解决的紧迫课题。

## 一 派驻监督改革面临的制约因素与挑战

### (一) 制约因素

从中国国情和工作实践来看，派驻机构长期驻在一地，其工作往往受到多方面主观因素和客观条件的制约，"探头"不亮、作用不显、监督乏力，弱化了上级纪委的监督力度，造成派驻监督形神不一，质量不高。分析原因，既有派驻机构干部自身思想认知、情感依附的主观影响因素，也有体制机制短板带来的负面效应。制约因素大致来自四个方面。

首先，思维惯性一时难以转变。派驻机构统管以来，各级派驻机构积极落实"三转"要求，调整角色定位，聚焦主责主业，职责职能更加清晰，责任体系不断完善，机制运转日趋顺畅。但受长期派驻形成的思维定式的影响，部分派驻纪检干部的惯性认知却没有适时调整跟进，"同级监督"观念根深蒂固，在较大程度上缺乏"派驻"的身份认同。

其次，体制机制制约。一方面，纪委机关实施派驻机构统管，将工资福利、人事关系、组织关系等统一纳入上级纪委监委管理，在一定程度上解决了派驻机构干部执纪监督的后顾之忧，增强了派驻纪检机构开展执纪执法监督的独立性、自主性。另一方面，办公设施、工作经费、车辆保障等方面仍由驻在单位部门负责，在后勤保障方面仍然存有较强的"依附性"，执纪执法监督"受制于人"的问题没有消除，监督职责的履行在一定程度上依然受到制约。特别是派驻机构纪检组长还同时担任驻在单位党组成员，在领导体制上处于"服从"地位，客观上使得"上级监督"变成了"同体监督""下级监督"，缺乏监督的独立性和权威性，监督作用难以发挥得"淋漓尽致"。

再次，受感情、利益牵绊。与纪委机关不同，绝大多数派驻机构干部本身就来源于驻在部门，长期处于被领导、受管理的氛围，地位差涩，人情羁绊，难免出现监督执纪"磨不开面子"、执行政策规定偏宽松软问题，甚至个别派驻机构为了逃避"问责"带来的"引火烧身"，与驻在部门一起形成"共同体"，与上级纪委监委玩"猫捉老鼠"的游戏，搞"内部消化处理"，导致一些案件大事化小，小事化了。

最后，队伍建设与管理创新不足。随着改革的持续深入和形势的不断变化，派驻机构干部自身的思想变化、履职能力、专业素质与新时代下全面从严治党的要求不相适应。一方面，由于长期工作在驻在单位（部门），大多数派驻机构干部归属感不清晰，自认为是"副线"，而派出机关才是"主线"，心理上或多或少存在一定的"自卑"倾向。另一方面，新时代新任务对派驻监督提出更高要求，特别是监察体制改革以后，派驻任务变化与自身力量薄弱的矛盾不断加深，专业素养与派驻任务不适应问题日益突出，工作压力和自身发展的压力明显增大，能力危机、本领恐慌等成为困扰派驻干部的焦点问题。另外，流动性差、工作环境固化、视野受到局限、工作激情逐渐消磨，使得派驻机构活力不足、创新乏力，一定程度上削弱了派驻监督效果。

（二）挑战

在深化改革的过程中，派驻机构面临四大挑战。

首先，思想认识仍需进一步转变。随着国家派驻机构改革和监察体制改革不断深入，派驻机构的政治属性进一步明确，由单纯的执纪部门向执纪执法双重角色转变，职能由监督执纪问责向监督、调查、处置拓展，监督监察对象也由全体党员向行使公权力人员和有关人员延伸，监督监察对象范围扩大和人员数量剧增，据某市统计，监督监察对象由改革前的 2 万多人陡增到改革后的近 20 万人，这不仅是监督监察对象数量的简单增加，更是对监督思维、监督模式的新挑战，如何实现执纪与执法的有机衔接、互为补充，是派驻机构面临的难题。

其次，纪法皆通的专业人才缺乏。监察体制改革要求在纪检监察工作中运用双重思维，强调执纪和执法理论实践的有机融合，对派驻机构干部而言，执纪是本职业务，执法是一个全新领域，虽然对法律法规组织了相应的学习培训，但由初学初用到熟知精通还需要较长过渡期，怎样由单纯执纪者成长为纪法皆通的全能型人才是派出机构干部面临的紧迫课题。

再次，制度机制有待完善。在实行监督全覆盖、形成监督合力方面，在主体责任和监督责任形成合力方面，在纪法贯通、法法衔接方面，尚未建立科学严密的协调衔接机制、规范运行机制和监督制约机制；执纪监督与执法监督、派驻监督与上级纪委监督、日常监督与巡视巡察监督如何协调联动，形成高效顺畅、优势互补的全覆盖监督体系，仍需要大量深入的实践探索。

最后，办案设施和手段短板明显。一方面，由于条件有限，大部分派驻机构没有规范的办案场所和完备的办案设施，在安全保障方面达不到相应要求。另一方面，派驻机构执法权限有限，审查调查过程需要上级纪委监委的全力支持，也需要公安、通信运营商、银行、房管等多个单位共同配合，在简化办事审批程序，实现纪检监察审计巡视组织等信息共享，强化执纪执法权威性、独立性等方面短板明显。

## 二 深化派驻改革的现实路径

### （一）正确处理"监督"与"再监督"的辩证关系，严格落实"两个责任"

讲政治是实行派驻监督的终极目标，深化体制改革，强化派驻监督，首先要认清派驻监督的本质（杨国章，2017）。2016 年 10 月，中国共产党十八届六中全会通过了《中国共产党党内监督条例》，从制度层面对党内监督做出了顶层设计，把监督主体及其监督职责、权力以党内法规的形式进行固化，把党委的全面监督摆在更加突出的位置，赋予党委监督更加丰富的内涵，凸显了党委在党内监督中的主体责任，同时对纪委专责监督做出明确规定，强调纪委是党内监督的专责机关，加大纪委监督专责。从实践看，纪委专责监督以"二次监督"形式出现，可理解为是对其他监督主体履行监督职责的再监督。监督和再监督都是党内监督，两者互相依存、互为补充，统一于全面从严治党的伟大实践。如果说，监督是手段，那么再监督则是保障，没有监督，就没有全面从严治党；没有"再监督"，"监督"就可能成为一句空话。我们党把党内监督设计为"监督"和"再监督"，并从制度和机制上把监督与再监督有机结合起来，成为党内监督的一个完整的闭合"链条"，实现了党内监督制度的重大创新。这里就出现了一个问题——如何科学处理监督与再监督的关系。这个问题处理得当，党委（党组）主体责任和纪委监委监督责任可以相互促进，相得益彰；处理不好，两者可能相互掣肘，越俎代庖，出现"1 + 1 < 2"的效果。应当认真研究实践，防止陷入职责混淆、相互推诿的监督真空。党内派驻监督实行近距离、同时空监督，具有贴近性、长期性和及时性，是党内监督常规性和长期性的权威监督，其功能主要在于通过"抓早抓小"，实现预防性的"日常保健作用"（李斌雄、张银霞，2018）。派驻机构代表上级纪委履行对驻在单位（部门）党委（党组）的监督责任，其特殊的身份和更直接的监督模式，客观上要求派驻机构在履行监督责任实践中应当理清和解决好三方面问题。

一是正确处理"监督"与"再监督"的辩证关系。"监督"是"再监督"的根本前提和基础，"再监督"是落实"监督"的"助推器"，纪检监察机关派驻机构通过履行"再监督"职责，督促检查党委（党组）"监督"效果，协助和推动党委（党组）"监督"职责的履行。必须正确处理监督与再监督的关系，坚持同向发力，相互促动。在制度建设上，不断走向规范化。对于派驻机构的职能定位、领导机制、工作机制、管理权限、工作方式方法、责任机制、合作机制、评价考核机制等不断制度化，如纪委监委领导分工派驻机构管理，分管领导做好管理工作，内设机构相关部门与派驻机构协调配合，内设机构做好联系和服务保障工作，规范评价考核机制，形成彼此关联、相辅相成的工作体制与运行机制，党组党委、驻在部门内设机构（机关纪委）抓好主体责任的落实，并支持派驻机构履行职责。要厘清职责分工，找准工作定位，既高度重视主体责任监督，又高度重视专责机关监督；既要落实"一手"监督，又要跟进"二手"再监督，保证党委（党组）监督与派驻机构再监督各在其位、各履其职、各尽其责，统一于党内监督全过程。

二是必须明确监督管理是驻在部门党组织的主体责任。新修订的《中国共产党党内监督条例》把对党委（党组）的全面监督摆在更加突出的位置，强调党要管党、从严治党，强调"管""治"结合，强调把党委（党组）监督作为全面的监督、第一位的监督，特别是把党的工作部门职能监督纳入党委（党组）监督，并对党委（党组）监督的对象、重点、方式、方法等做出明确规定，对党内监督的主体客体、内容形式、职责任务赋予更加丰富的内涵，凸显党委（党组）监督在党内监督中承担首要的政治责任。中央新近出台的关于纪委监委派驻机构改革的意见中也着重强调，要紧紧围绕监督这个第一职责，纪检监察组结合驻在部门的职责任务，加强对驻在部门党委（党组）和直属单位的监督。因此，各级党委（党组）要自觉扛起主体责任，守好主阵地，打好持久战，持续净化政治生态，始终坚持党要管党、全面从严治党，切实发挥核心领导作用。

三是科学把握、坚定做好对驻在部门落实全面从严治党主体责任的"再监督"。纪检监察机关派驻机构开展专责监督，决不能全面发散，求大求全，而要重点聚焦，把工作重心放在"再监督"上，重点监督驻在单位（部门）党委（党组）全面监督责任是否履行到位，监督责任处室职能监督是否落实，指导驻在单位（部门）监督工作开展，协调解决遇到的重大问题，凝聚监督合力，擦亮"探头"，释放派驻监督活力。同时，要关注"重点人"和"关键少数"，盯紧重点环节、重点问题，对问题要做到早发现、早报告、早处置，发现苗头早提醒，运用好监督执纪"四种形态",特别是运用好谈话提醒、批评教育、诫勉谈话等"第一种形态",做到抓早抓小、防微杜渐。监督中发现的重要情况、重大问题线索要及时向派出部门和驻在部门党组织报告。

### (二) 化解制约因素,充分体现派驻优势和权威

纪检监察机关派驻机构是派驻监督的主体,一方面,派驻监督是上级监督,不是同级监督,其与驻在单位(部门)是监督和被监督的关系。党的十九大以后,县级以上纪律检查机关的全面派驻权限被写进党章,实现"党内最大法规"的充分授权。监察法中进一步明确监察对象及工作手段,并赋予派驻机构"依法对公职人员进行调查、处置"的权限。从法律层面确立监察委员会派驻权限并授予派驻机构相应的监察权限与手段,派驻机构真正实现组织领导、党内法规、国家法律三个层面的相对授权,打破了制约发展的制度瓶颈,增强了派驻机构"派"的权威性(赵钢钥,2018)。另一方面,派驻机构长期在驻在部门工作,具有熟悉驻在部门人员、工作、业务等情况的便利条件,通过经常深入驻在部门调研问责,研究党风廉政建设中存在的突出问题,能够及时掌握干部廉洁从政、资源配置、权力运行等重要情况,有利于解决监督太远的难题,从而增强监督的时效性和针对性,在党内监督中发挥着不可替代的作用(蒋来用,2015)。日常监督"360度无死角",体现了"驻"的天然优势。"派"的权威和"驻"的优势,是派驻纪检机构的一大特色,对于撬动驻在部门全面从严治党主体责任,构筑完善党内监督体系,推进全面从严治党向纵深发展具有无可替代的重要作用。应进一步健全完善纪检监察组与驻在部门党组协调机制。与党委(党组)共同推进体制机制改革创新,建立定期会商、重要情况通报、线索联合排查、联合监督执纪等工作机制,为党组主体作用发挥提供有效载体,形成同向发力、协作互动的工作格局,将体制优势转变为效能优势。强化派驻机构监督执纪独立性,强"威"扬"优",摆脱与驻在单位(部门)的"依附"羁绊,必须多管齐下,针对组织管理

和体制机制等多个方面问题加以破解，着力理顺工作关系，更好发挥派驻机构职能。

一是加强对派驻机构的领导和支持。上级纪委监委着力构建"紧密型领导关系"体系，加强与派驻机构及其驻在部门的"互动"，主动了解和掌握派驻机构工作情况，及时协调解决重大问题，给派驻机构工作以强力支持，为派驻机构提供强大后盾，增强派驻机构干部的归属感。与纪检监察组长一起，定期约谈派驻机构驻在部门负责人，听取汇报，加强调度，提出要求，研究所在部门的政治生态，督促"第一责任人"责任履行到位，在"三重一大"决策中，充分按照相关程序履行职责，充分行使纪检组长话语权，通过严格监督执纪问责，强化日常监督，凸显派驻机构重要性，确保派驻机构能够成为驻在部门"不走的巡视组"，保证权威有"威"。加强派驻机构驻在部门问题线索集中管理和线索处置督办，提供专业支持和力量保障，支持派驻机构落实问责追责制度，倒逼驻在部门全面从严治党主体责任落地生效。

二是推进派驻模式创新。目前，派驻模式实行单派驻与综合派驻相结合，从监督实践看，两种模式各有利弊，目前存在的主要问题是，单派驻模式固有的"人情困扰"障碍没有得到根本性突破，综合派驻实现了监督全覆盖，但对于掌握"人财物权"的重点行业和部门监督不突出，最容易出现问题的部位掌控不力，致使重点行业和单位廉政风险系数高位运行，监督资源使用分散，深度监督、精准监督、有效监督发挥不理想，改革还需要进一步深化。总体考虑，派驻模式改革的未来方向应当是：进一步压减单派驻模式，聚合力量，统筹派驻纪检机构资源，加大推进"综合派驻"＋"重点派驻"模式，即根据行业特点和职能相近的要求，加大推进"驻1托N"模式，由目前的"驻1托2、托3"提升到"驻1托5、托N"，由"一般进驻"调整为"重点进驻"，强化"不走的巡视组"的警示和震慑作用，将原来分散的派驻力量优化组合，集中进驻到掌握"人财物权"的行业和部门，管好管住权力行使、履行职责的重点部位，化解廉政风险，增强监督实效。如此改革模式,减少了派驻点数量,增加了综合派驻比重,既满足了派驻监督全覆盖要求,也解决了派驻力量使用分散问题,有利于聚合力量,有利于从体制机制上破解监督人情困扰,有利于突出对高风险重点部门的监督,有利于加强对派驻机构的领导,同时也有利于消除派驻干部"同级监督"的惯性思维影响,增加自身归属感。

三是深化派驻机构后勤改革和党组织领导关系调整。遵循"统一领导,直接管理"原则,从增强独立性考虑,派驻机构"人财物事"应当划归派出部门实行统一管理,特别是在办公经费、后勤保障方面与驻在单位(部门)彻底剥离,彻底切断派驻机构后勤保障依附于驻在部门的"脐带"。派驻纪检监察组长以驻在部门党委(党组)成员身份,既要服从组织对组织负责,又要履行派驻监督职责,是一个无法绕开的矛盾,仅从监督考量,纪检监察组长对党委(党组)领导班子、领导干部的监督,实质是下级对上级的监督,监督效力有限;从派驻纪检职责考量,派驻机构与驻在部门的关系是监督与被监督的关系,而纪检组长作为党委(党组)成员要接受驻在部门的党组织的领导,存在职责定位与现实存在间的逻辑上的混乱。需要重新定位纪检组长在驻在部门党组织的身份,若以派驻监督者身份参加驻在部门党组会议,不再担任驻在部门党组成员,同时赋予纪检监察组长在"三重一大"问题上的"一票否决权",可能是让专责监督落到实处、彻底打通派驻机构受制于人的"最后一公里"的一个科学选择。

四是推行派驻机构干部成建制交流。派驻机构单个交流,很难撼动在驻在部门的人情羁绊,从"釜底抽薪"考虑,应当积极推进实施派驻机构成建制"换防"力度,通过实施整体交流,定期、限时轮换综合监督部门,同时加强派出机关与派驻机构、巡视机构与派驻机构、派驻机构与公检法司机关之间的人员交流,破除"天花板效应",从根本上解决"熟人社会"的情感制约和束缚,激活队伍的内生动力,进一步彰显"探头""前哨"作用。

（三）做好纪法并行与衔接，推动构建系统完备、科学规范的工作机制

纪委是党内监督的专责机关，监委是行使国家监察职能的专责机关，两者在监督的指导思想、基本原则上有着高度的一致性，是一体两面，体现了依规治党与依法治国、党内监督与国家监察的有机统一，是中国特色治理体系的重要组成部分（邹开勇，2018）。法治是一套方法独特的治理模式，推进国家治理体系和治理能力的现代化，必然需要将法治的方法发扬光大，从而取得治理绩效的最大化（常保国，2014）。国家监察体制改革赋予派驻机构纪检监督和监察监督双重职责，统筹纪检监督与监察监督对派出机构而言是一个全新课题。面对新的情况和问题，派驻机构应当融入派出部门整体工作，着力解决以下四方面问题。

一是加强政治建设，强化派驻监督政治性。纪委监委机关是政治机关，派驻机构作为纪委监委的延伸，要始终把政治建设摆在首位，强化政治思想引领，牢牢把握派驻监督必须是党领导下的监督，在实践中自觉增强"四个意识"。明确派驻监督首先是政治监督，聚焦政治建设，严明政治纪律和政治规矩，重点围绕党中央决策部署贯彻落实，加强监督检查，确保政令畅通、令行禁止。要正确认识和把握国家监察体制改革的重大政治意义，进一步统一思想，切实履行好党章和监察法赋予派驻机构监督执纪问责和监督调查处置的双重职责，转变工作思维方式，在监督审查调查过程中统筹兼顾，用好纪法"两把尺子"，坚持"双轮驱动"，使执纪执法两项职能同向发力，实现政治效果、纪法效果、社会效果相统一。

二是优化运行设计，强化工作机制规范性。借改革契机，将派驻工作职能定位、领导机制、工作机制、管理权限、工作方式方法、责任机制、合作机制、评价考核机制等从制度层面完善到位，规范派驻机构与省纪委监委领导、内设机构、省直纪工委以及派驻部门综合监督部门党组（党委）、机关纪委的权限、关系和程序，借鉴巡视工作的工作规

则、目标要求、工作举措、责任机制等，形成与全覆盖监督的合力、与党委党组两个责任的合力、与委厅机关领导和内设机构的合力，提升派驻机构的严格、科学、精准、有效的监督质量。加强顶层设计，完善执纪监督、执法监督、巡察监督和派驻监督的协调联动机制，建立科学规范的工作运行和监督制约机制，细化纪法贯通、法法衔接的具体制度和实施细则，增强工作的科学性和可操作性。比如，监察法规定了监察机关可以使用谈话、询问、讯问、查询、冻结、调取、查封、扣押等调查措施，使用这些措施的文书是法律文书，体现了法律的严肃性。但是从目前看，这些文书从国家层面上没有进行统一、规范。建议国家监委对监察工作文书进行统一、规范。审查调查工作奉行分级负责的原则，明确了纪委监委与派驻机构的职责权限，但对派驻机构采用谈话、询问、查询、调取等不限制被调查人人身权利、财产权利的调查措施，什么情况下可用、有哪些限制条件、如何保障这些权限等并没有明确，需要具体规则加以固化，增强法规制度的可操作性。

三是聚焦关键岗位和重点环节，强化派驻监督针对性。抓住管党治党主体责任中的"关键少数"特别是"第一责任人"，要统筹协调好纪检监察组和驻在部门党委党组的关系问题，首先把党组"一把手"的思想认识和行动落实解决好，要形成一盘棋，而不是猫鼠游戏，才能解决好主体责任和监督责任的问题。通过加强对部门党委（党组）书记落实主体责任情况的监督检查和严肃问责，层层传导责任和压力，倒逼主体责任落实，激发"牵一发而动全身"的效果。盯紧工程项目建设、财政资金管理使用、公共资源交易招投标等腐败易发多发领域，坚持监督关口前移，对重点部门、重要事项实施"点穴式"的精准监督，不断提高监督的质量和实效。将监督向基层延伸。以当前正在开展的扶贫领域腐败和作风问题专项治理、扫黑除恶专项斗争为重点，深化基层突出问题专项治理，重点整治"小官巨腐"、侵害群众利益、与民争利等问题，切实增强人民群众的获得感和满意度。

四是健全保障机制，强化资源利用有效性。派驻机构与纪检监察、巡视、审计、组织等部门实行信息同步沟通，形成同向发力、协作互动的工作格局。整合办案资源，根据任务需要和方便工作的要求，由纪委监委在属地内统一建设办案基地，配齐办案监控设施、陪护人员队伍、医疗救护设施等，根据派驻机构地域位置提供资源共享，降低门槛，简化进入审批手续，做到"应进必进""应进快进"，提高工作效率和办案安全性。完善综合性办案协调机制，建立协调机构和信息资源共享平台，对于涉及公安、通信运营商、银行、房管等多个单位共同配合的案件，由协调机构按照国家监察法要求，建立支持监委实施监督、调查、处置的工作机制，疏通"堵"点，畅通环节，打破资源壁垒，实现资源共享。

### （四）高度关注队伍建设，全面提高派驻全覆盖质量

派驻干部是派驻监督的主体，建设忠诚、干净、有担当的派驻纪检干部队伍，是派驻机构的重要政治责任，是有效发挥派驻监督作用，带动驻在单位（部门）全面从严治党不断向深层次推进的根本保障。从权力监督管控体系的整体来看，反腐败机构建设主要着眼于独立、权威、廉洁、专业四个方面，只有全部具备了这四大特征，反腐败体制机制改革才算到位（任建明，2017）。从增强派驻监督时代性、创新管理激发活力、打造"纪律铁军"考虑，未来的派驻机构队伍建设应当坚持使命引领和问题导向，在总结提升近两年实践经验基础上，继续深化以下四方面改革。

一是科学调配使用派驻资源，形成"攥拳发力、展指点穴"的监督效果。派出机关要积极创新管理方式，针对腐败高发领域和薄弱环节，按照职能相近、行业关联的原则，对派驻机构进行重组，成立日常性监督组和执纪审查组，通过交差式、点穴式、常规式监督执纪方式，实现力量统筹、对象交叉、时间集中，有效化解监督执纪力量弱、办案经验不足等问题。如，为有效发挥派驻监督作用，根据不同的任务需求，采取"驻守式"战法与"运动式"战法相结合，即派驻机构日常

以"驻点"监督为主，遇有紧急情况、重大任务则由派出机关统一调配资源，实行"连片救援"，通过"驻点"与"连片"的有机结合，实现监督执纪工作统筹、力量整合的集团优势。

二是关心派驻队伍，增强派驻机构干部认同感。坚持用系统论视角统一规划派驻机构队伍建设，统筹考虑派驻机构干部选拔、使用、培训、交流、锻炼等工作，增强派驻机构干部归属感，提高派驻机构干部的凝聚力、向心力，为派驻机构履职创造良好环境。把好派驻机构干部选拔关、使用关、推荐关、晋升关、交流关等关口，充分调动派驻干部的工作积极性和创造性（王恒，2018）。派驻机构干部选用上要坚持搞"五湖四海"，不仅要加强纪委机关与派驻机构之间干部的交流轮岗，同时也要严把干部进出关口，从业务部门选调干部，让干部活起来、动起来，产生内生动力（蒋来用，2018）。坚持组织管理与情感管理双向发力，派出机关在加强对派驻机构日常工作督导和指导协调的同时，更要关注派驻机构干部的心理状况，认真落实中央纪委关于加强纪检干部心理健康服务的指导意见，建立心理健康维护机构，完善相关设施，聘任专业人员，使干部以更加充沛的精力和激情投入到工作中。

三是创新队伍培训提升和人才供给体制，加强复合型人才培养。强化对基层纪检干部政治理论和业务素质培训，开展涵盖宪法与监察法、反贪污贿赂、反渎职侵权、预防职务犯罪、执纪监督、审查调查等多方面业务知识的系统性培训，使纪检监察干部熟练掌握纪法"两把尺子"，不断提高反腐败工作科学化、规范化、法制化水平。特别是要注意加强纪检监察干部与公检司法机关的融合性交流。纪检机关主业是执纪，公检司法机关主业是执法，随着监察体制改革，纪检机关与公检司法机关业务联系日益密切，应加大纪检监察干部与公检司法干部的交流，让纪检监察干部在公检司法岗位上进行实践锻炼，着力补齐短板，提高执法工作水平。要结合实际，着眼长远，借鉴公安机关设立"公安大学"的做法，国家设立"纪检监察大学"，纳入全国统招，增强纪检监察干部整体素质提升的可持续性、系统性和稳定性，弥补纪检监察干部专业上的"先天不足",为各级纪检监察机关源源不断地输送"科班人才"。

四是加快监察官制度改革,推进纪检监察队伍职业化进程。按照《国家监察法》和监委监察职能,将纪检监察干部统一纳入监察官制度管理,尽快研究出台"监察官管理条例",加快推进纪检监察干部队伍职业化、专业化建设,增强监察官的责任感、荣誉感、使命感,保留骨干,稳定队伍,实现纪检监察队伍建设新的跨越。

## 三 结语

深化纪委监委派驻机构改革,是健全党和国家监督体系,把制度优势转化为治理效能的重大举措。要适应国家监察体制改革新要求,紧扣派驻机构改革工作特点和职能任务,坚持问题导向,持续加大改革力度,努力破解派驻监督实践中遇到的体制机制和制度障碍,进一步彰显"派"的权威和"驻"的优势,实现"形神合一",提升监督质量。

**参考文献**

常保国,2014,《法治建设与国家治理体系和治理能力现代化》,《政治学研究》第2期。

蒋来用,2015,《把派驻监督的权威和优势充分发挥出来》,《中国纪检监察》第11期。

蒋来用,2018,《有关派驻监督的几点探讨》,《理论探索》第5期。

李斌雄、张银霞,2018,《中共十八大以来强化党内监督的新发展》,《北京航空航天大学学报》(社会科学版)第2期。

马怀德,2016,《国家监察体制改革的重要意义和主要任务》,《国家行政学院学报》第6期。

任建明,2017,《反腐败斗争还有哪些"硬骨头"需要"啃"》,《人民论坛》第9期。

王恒,2018,《地方纪检监察派驻机构统一管理改革研究》,《新西部》第5期。

习近平,2014,《关于〈中共中央关于全面深化改革若干重大问题的决定〉的说明》,载《习近平谈治国理政》,外文出版社。

习近平,2017,《在党的十八届六中全会第二次全体会议上的讲话》,载《习近平谈治国理政》第2卷,外文出版社。

杨国章，2017，《派驻监督要着重突出政治监督》，《中国纪检监察报》5 月 31 日，第 8 版。

赵钢钥，2018，《江西省纪检监察派驻监督优化研究：基于"供给侧"的设计》，南昌大学专业硕士学位论文。

朱建磊，2017，《十八大以来纪检监察派驻机构建设的基本经验》，《中共济南市委党校学报》第 4 期。

邹开勇，2018，《坚持问题导向把监督首要职责落细落实》，《贵州日报》7 月 19 日，第 9 版。

廉政学研究　第 2 辑

第 133～144 页

© SSAP，2018

# 县级同级监督推进路径研究[*]

## ——以 H 省 B 县为例

黄　云　姜正华　彭文龙[**]

**摘　要：** 县级同级监督面临着思想上不想、权力上不敢、制度上不能的瓶颈。H 省 B 县在实践中，聚焦同级纪委监督同级党委，政绩导向解决了"不想"的问题，上级赋权和同级确权解决了"不敢"的问题，制度引领解决了"不能"的问题。通过对该县的分析，在全面从严治党政治大环境下，推进县级同级监督，必须自上而下地推进，关键在于一把手，并将其功能定位为同级提醒和线索发现；在策略上，以制度建设为根本，建构多维的动力机制。

**关键词：** 县级党委；县纪委；同级监督；推进路径

党的十九大报告指出：要强化自上而下的组织监督，改进自下而上的民主监督，发挥同级相互监督作用，加强对党员领导干部的日常管理

---

＊　基金项目：2018 年度江西省高校人文社会科学重点研究基地项目"高校同级监督体制机制构建研究"（JD18026），课题负责人：黄云。

＊＊　作者简介：黄云（1965－　），男，江西宁都人，南昌大学廉政研究中心主任、教授，主要研究方向：党风廉政建设理论与实践；姜正华（1983－　），男，江西玉山人，南昌大学博士研究生，主要研究方向：廉政治理；彭文龙（1982－　），男，山东枣庄人，博士，南昌大学廉政研究中心副教授，主要研究方向：党建与廉政理论。通讯作者：彭文龙。

监督。十八大以来，在全面从严治党的进程中，通过严厉执纪、开展巡视、督察个人事项报告等举措，提高了组织监督、民主监督、日常管理监督成效，而在同级相互监督方面仍在进一步地探索，既需要对当前的同级相互监督实践及时进行经验总结，更需要从理论角度提炼同级相互监督的概念体系，推动同级相互监督的深入发展。刘少奇在 1948 年指出："在中国这个落后的农业国家，一个村长，一个县委书记，可以称王称霸。"党的十九大特别提出：以县处级以上领导干部为重点，在全党开展"不忘初心、牢记使命"主题教育。这充分说明了作为我国基层治理主体的县级政府在推进全面从严治党、实现国家治理现代化中的重要作用。H 省 L 市 B 县自 2017 年 5 月试点开展纪委监督同级党委以来，形成了同级监督的有效机制，得到了 H 省及其 L 市主要领导的多次批示，其形成的工作模式被作为 H 省及其 L 市推行县级同级监督的蓝本。本文以 B 县同级监督为研究对象，通过对该县有关领导的访谈以及制度运行体系的分析，尝试总结该县实施同级监督的有益经验，分析其内在的工作机理，建构全面推进县级同级监督的基本路径。

## 一 实施县级同级监督面临的瓶颈

### （一）思想上动力不足

当前学术界对党内同级监督的内涵多界定为同级纪委监督同级党委，同级监督"是指党的地方纪委和部门纪委（纪检组）对同级党委、党组党风廉政建设情况所进行的监督"（朱建国，2010）。而这与党的十九大所提出的"同级相互监督"显然是有一定差异的。在县一级，同级相互监督应该界定为同级党委与同级纪委的相互监督和党委班子成员之间的相互监督两个层面。根据《党章》《中国共产党党内监督条例》等党内制度规定，县纪委在县党委和上级纪委的双重领导下开展工作，这一制度设计虽然在一定程度上保证了纪委具有一定的独立性，但县党委的领导地位使得县党委对县纪委拥有更强的制衡，从而县纪委在制衡县党委方面具有天生的劣势。而在县党委班子成员之间，虽然决策方式为民主集中制，但是在"一把手"权威、相对独立的工作分工划分、人情等因素的影响下，县党委书记对班子其他成员具有较强的监督，而其他班子成员之间以及他们对县委书记无法进行监督。因此，从当前县党委组织结构和运行机制来看，县委书记处在较为强势的地位，县纪委与县党委之间、班子成员之间的相互监督事实上演变为县党委对县纪委、党委书记对其他成员的单方面的规制，处在劣势地位的县纪委和其他班子成员没有思想上的动力实施监督。

（二）权力上能力不足

根据《党章》，县党委在代表大会闭会期间，执行上级党组织的指示和同级党代表大会的决议，领导本地方的工作，定期向上级党的委员会报告工作。县常务委员会在委员会全体会议闭会期间，行使委员会职权。因此，在县党代会闭会期间，县常委会行使县一级党委的最高职权。县常委会一般由书记、副书记和其他常委组成；但从级别来看，一般情况下，书记和兼任副书记的县长是正处级，其他均为副处级。因此，这种职权结构导致了县委书记拥有更大的权力，除了兼任副书记的县长对县委书记具有一定的制衡能力外，包括县纪委书记的其他常委由于低一层次的级别和领导关系中的被动地位均对县委书记没有制衡的能力。但是县委书记、县长，特别是县委书记，对其他常委具有直接而强有力的规制权力。再加上自上而下逐级负责和一般情况下不得越级汇报的权力金字塔结构，直接导致在监督同级党委，"特别是在涉及对'一把手'的权力监督问题时，纪委往往会感到力不从心"（王松德，2015），其他常委对县委书记、县长的监督也往往感到力不从心。这种逆权力结构"监督'顶头上司'会脸红、红脸甚至翻脸"（令小雄、张富田，2015），使得县纪委和其他常委往往在监督县党委和县委书记、县长上存在明显的能力不足。

### （三）制度上刚性不足

纪委对同级党委的监督，既具重要性，又有特殊性，有必要根据这一群体的特点制定专门的监督规范。这既能使地方各级纪委在履行对同级党委的监督职责时理直气壮，又能防止地方各级纪委的监督越权或脱轨（黄晓辉，2015）。但是《党章》和《中国共产党党内监督条例》对此仅有原则性的阐述，没有具体的制度设计。同级相互监督是党内监督的重要形式，作为党内监督制度规范的《中国共产党党内监督条例》更多地建立了自上而下的监督制度，对同级监督仅做了一般性的要求，集中体现在第二十六条：党的各级纪律检查委员会是党内监督的专责机关，履行监督执行问责职责，加强对所辖范围内党组织和领导干部遵守党章党规党纪、贯彻执行党的路向方针政策情况的监督检查；加强对同级党委特别是常委会委员、党的工作部门和直接领导的党组织、党的领导干部履行职责、行使权力情况的监督。但是第十五条明确规定：党委（党组）在党内监督中负主体责任，书记是第一责任人，党委常委会委员（党组成员）和党委委员在职责范围内履行监督职责。因此，在双重领导体制下，县纪委和县党委、县委班子成员之间仍然属于地位不平等的"同体监督"，加之缺乏具体明确的同级相互监督的制度设计，同级相互监督的权力范围、行使流程、行使方式等均不明确，使得同级相互监督"柔性"有余而"刚性"不足，必然导致同级监督在制度上不能实现。

## 二　H 省 B 县实施同级监督的运行机制建构

### （一）同级监督现状概述

B 县为 L 市全山区县，是国家扶贫攻坚重点县，人口不足 30 万，其中主要是农村人口。该县自 2017 年 5 月被 L 市纪委确定为全市三个

纪委监督同级党委试点县之一。经过一年多的探索和实践，该县形成了
"1+8"的同级监督工作机制。"1"就是1项对县委书记的专项监督制
度，县纪委不定期对县委书记落实主体责任、落实"三重一大"规定、
执行选人用人制度、执行党内法规及解决民生热点问题等工作发出
"提醒卡"，对提醒事项未认真落实、有社会反响的，发出"监督卡"；
对发现的苗头性问题，发出"整改意见书"。"8"就是落实8项对县委
常委的常态监督制度，通过开展廉政教育、主体责任定期督查、"三重
一大"决策全程纪实、个人重大事项报告检查、专题述责述廉、廉政
状况定期报告、谈话提醒、问题线索报告等形式，对县委常委开展常态
化监督检查。对县委常委落实主体责任、履职尽责等工作实行约谈、督
办，督促落实分管领域主体责任。在实施上述制度的过程中，该县审慎
推进，不断收集县委常委对纪委监督的意见、建议，及时对创新的同级
监督制度执行成效进行评估，对能够落实、便于操作、实际管用的制度
继续深化，对流于形式、效果不佳的制度及时废止，如对超出政治监督
范围的《加强县委常委社交圈生活圈朋友圈和家庭家教家风监督工作
细则》进行废止，对不便于落实的《关于对县委常委会议题开展合纪
性审查的通知》进行了修正，规范为会前纪委书记审签会议议题，会
后报备会议纪要。该县还进一步将同级监督推进到乡镇，探索乡镇纪委
监督同级党委的工作机制。

## （二）运行机制建构

通过对B县同级监督实践的分析，可以发现该县同级监督的核心
是同级纪委监督同级党委，通过追求政绩解决了"不想"的问题，通
过赋权和确权解决了"不敢"的问题，通过制度建设解决了"不能"
的问题，从而使得该县同级纪委监督同级党委逐渐常态化，成为该县县
委工作机制的一个组成部分，较好地实现了同级监督制度与其他工作制
度的耦合。

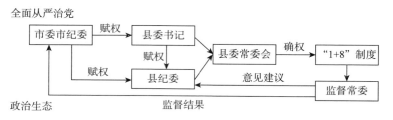

图 1　同级监督运行机制

### 1. 同级纪委监督同级党委是 B 县同级监督的核心内容

双重职责、双重领导，决定了纪委与同级党委的双重关系。就监督职责来讲，其重点是监督同级党委特别是常委会成员，从而形成了纪委与同级党委之间的监督与被监督关系。B 县同级监督正是抓住了这一监督重点，将同级监督聚焦于同级纪委监督同级党委，并且主要是监督县委常委，再由"人"及"事"，监督县委常委的主体责任落实和履职情况，包括县委常委分管工作中的党风廉政情况。其目的是促使同级党委班子及其成员做到有权必有责、有责必担当、用权受监督、失责必追究。从十九大报告中提出的同级相互监督来看，除县委书记、副书记外，其他的县委常委对纪委书记的对等监督相对较弱①，对同级纪委和纪委书记的监督主要来源于同级党委和县委书记、副书记。因而，在同级相互监督中仍有较大的创新空间。

### 2. 政绩导向是 B 县推进同级监督的主要动力

B 县由于人口基数较小，与 H 省其他县比较起来没有优势，尤其是在纪检工作绩效方面，如在办案率方面，单纯地从人口基数和公务员基数上来看，B 县的案发率和办案率显然与人口和公务员基数较大的县相比没有优势。因此，该县的政绩更多地要依赖于工作中的创新。正是这种追求政绩的压力使得该县在纪检工作创新中具有更大的动力，并且将

---

① 访谈中，在问及如何监督纪委书记时，被访谈人的回答是县纪委书记在同县委常委开展谈话时，最后纪委书记会问县委常委对纪委和其本人有无意见和建议。显然这种对纪委和纪委书记的监督相对较弱，实际上形成了纪委书记与其他常委之间不对等的监督关系。

同级监督作为县委政绩的重要亮点。政绩导向作为推进同级监督的主要动力，能够有效激发官员的主动行为，并且具有目的直接、效率较高等特点，而且使得同级监督的工作创新具有较好的可控性，能够保证工作创新与落实上级党委和纪委的工作部署的一致性。但是，也应该看到，这种政绩导向型动力的产生依赖于特定的条件，当政绩可以不依赖于工作创新时，官员的创新意愿就会比较低；而且即使政绩依赖于工作创新，官员追求创新的行为也不一定发生在同级监督中。因此，仅仅依赖于政绩导向的动力，对于同级监督的动力来说还是比较单一，而且很有可能会发生"人息政亡"的现象，使得同级监督创新仅仅是昙花一现。

### 3. 上级赋权是 B 县同级监督的主要权力来源

纪委有权监督同级党委，不是因为纪委是被领导者，领导者授权被领导者监督自己，而是另有权力来源途径（黄晓辉，2015）。同级纪委监督同级党委的权力来源，主要是 B 县的上级 L 市的市委、市纪委赋予了其监督同级党委的权力，体现为该县推行同级监督的主要依据是 L 市制定下发的《关于开展纪委监督同级党委工作试点的通知》。通过该通知，市委市纪委一方面以文件的形式明确将监督同级党委的权力赋予了县纪委，另一方面也明确了同级党委的被监督地位，实际上是明确规定了县委书记将接受同级纪委监督作为其必须履行的主体责任，对县委书记的赋权进一步夯实了县纪委的监督权力。除此以外，县纪委监督同级党委的权力还来源于县党委，尤其是县党委书记的赋权。虽然"纪委不是同级党委的被领导者，其监督权力不是来自于同级党委的授予"（黄晓辉，2015）。但是由于纪委的双重领导机制，纪委书记作为县委常委会成员之一，必然在党风廉政建设方面要接受县党委领导，其工作必然要围绕县党委的中心工作展开，因此，县纪委监督同级党委不仅仅是属于监督权的行使，而且也属于县党委党风廉政工作的一部分，也就必然需要县党委常委会，特别是县委书记的赋权。如 B 县纪委书记在开展同县委常委谈话前，其方案首先要获得县委书记的认可，并经过常委会审议通过，并下发《关于县纪委书记与县委常委开展谈话的工作方案》，县级由此获得了监督同级党委的实质性权力。

### 4. 同级确权使得 B 县纪委能够行使监督权

通过市委市纪委和县党委（党委书记）的赋权，县纪委获得了实实在在的对同级党委的监督权，但是获得权力并不意味着能够行使权力。县纪委要行使监督权，必须明确能够监督什么和怎么监督两个基本问题。这就需要在赋权的基础上，将监督权进一步落实到具体的监督工作中，即确权。B 县主要是通过县党委常委会的民主集中制进行同级确权。B 县强调制度先行，而制度制定是通过县党委常委会集体讨论，不断修改完善，最终确定的，并以县党委的名义下发实施同级监督的基本制度《加强纪委对同级党委及其班子成员监督工作暂行办法》，其他的制度虽然以纪委监督同级党委领导小组的名义下发，但县委常委会成员全部兼任该领导小组组长、常务副组长、副组长。这就保证了 B 县同级监督的 "1 + 8" 制度在制定中已经实现了被监督者的全员参与。从制度执行的角度来看，全员参与的制度由于得到了被监督者的认可，能有效减少执行中的阻力，提高执行的效率。这在 B 县的调查中也得到了印证，被访谈者在对待 "1 + 8" 制度时已经将其作为常态性的行为规范，而且对同级监督制度的完善具有相当大的积极性。因此，B 县通过同级确权，明确了监督什么和怎么监督两个基本问题，形成了 "1 + 8" 的制度体系，从而将纪委监督同级党委的权力落在了实处；同时，通过同级确权，也提高了同级监督制度的可接受性，提高了制度执行的效率。

## 三　新时代全面推进县级同级监督基本路径

### （一）良好的政治生态是前提

"政治生态是党风、政风、社会风气的综合反映，影响着党员干部的价值取向和为政行为。"（刘云山，2015）十八大以来，在以习近平同志为核心的党中央的领导下，我党推进全面从严治党，党内政治生态已经实现了明显好转，这为新时代全面推进县级同级监督提供了不可或缺的政治大生态系统。在政治大生态系统越来越良性循环的前提下，同级监督还需要风清气正的政治生态小系统，即县党委领导班子的政治生态系统。县党委的政治生态既是历史的，又是现实的，其最重要的表现是县党委的政治文化和人际关系。对于 B 县而言，该县党委班子成员10 人中，仅有 3 人为 B 县本地人，而其余 7 人均为异地任职，特别是该县县委书记和县长两个主要领导均为外地调入，因而，多数县常委班子成员与本地之间不易形成较深的利益纠葛，而且由于从不同地方调入 B 县，他们之间也少有较深的利益冲突，这为 B 县更新政治文化和营造和谐、清正的人际关系创造了极为有利的条件。从学历上看，B 县班子成员中有 2 人具有博士学位，且有从事高等教育工作经历，还有 2 人有中小学工作经历，其他人多数有研究生学历，这就为 B 县带来了崭新的政治文化，造就了 B 县风清气正的政治小生态，使得县党委及其常委成员敢于接受同级党委的监督，也更容易接受新的制度、遵守新的制度。

（二）明确功能定位是基础

同级相互监督必须要有明确的功能定位，功能定位不清或定位错误，都会导致同级相互监督无法顺利推进。而在党内监督的相关制度中，对于同级相互监督的功能没有明确的阐述，这也是导致同级相互监督推进困难的重要因素。从 B 县推进同级纪委监督同级党委的实践来看，B 县同级监督的功能首先定位为提醒功能，如对县委书记的监督制度中，发出的"提醒卡""监督卡""整改意见书"等均为事前、事中和事后的提醒；在对县委常委监督的项制度中，廉政教育、主体责任定期督查、"三重一大"决策全程纪实、个人重大事项报告检查、专题述责述廉、廉政状况定期报告、谈话提醒 7 项也主要涉及事前、事中和事后的提醒，并且其主要监督方式为约谈和督办，进一步凸显了同级监督的提醒功能，即通过各种形式的提醒，推动同级党委及其成员遵守党风党纪，提高落实主体责任的主动性。由于上文所述县党委的权力结构和县纪委的双重领导体制，提醒功能应该被定位为县级同级相互监督的主要功能，这也是党内政治生活的重要表现，即通过"红脸"、"出汗"和"拉一把"的提醒，及时地保护和挽救领导干部。线索发现是 B 县同级纪委监督同级党委的另外一个重要功能，主要体现在对县委常委的常态化监督制度中，B 县制定了问题线索报告流程，纪委在发现涉及县委书记的问题线索时，直接向上级纪委报告；纪委在发现涉及其他县委常委的问题线索时，向县委书记和上级纪委报告。从这一制度设计来看，县纪委在线索发现中仅有监督报告权，而没有处分权，因此，该功能的发挥除了极易出现"灯下黑"的现象外，县纪委也极易在该功能中"睁一只眼闭一只眼"。因此，新时代全面推进县级同级监督，应该将其监督功能主要设定为同级提醒，其次才是线索发现和报告。

### （三）做好制度建设是关键

为了更好地行使监督权，纪委必须经常性地、制度化地融入同级党委的工作之中，最大限度地掌握各种情况并对党委工作情况的合规性进行把关，及时监督并严格执纪问责（王松德，2015）。没有制度建设，同级监督势必难以推进，出现"毛毛雨湿地皮"的现象。B 县在推进同级监督制度建设实践中，首先强调制度设计，通过自上而下的监督权赋权制度、同级确权制度明确了监督什么和怎么监督的基本问题，这是 B 县实施同级监督的关键环节。因此，同级监督首先就要建设好自上而下的赋权制度和同级监督内容、监督方式的确权制度。习近平在论述制度建设时指出："既要有实体性制度，又要有程序性制度；既要明确规定应该怎么办，又要明确违反规定怎么处理，减少制度执行的自由裁量空间。"因此，B 县实际上仅仅解决了怎么办，在违反规定怎么处理的问题上尚缺乏制度建设，而在这方面限于同级监督的权力性质，应该由上一级纪委予以制度供给。习近平在论述建设时特别强调：要搞好配套衔接，做到彼此呼应，增强整体功能。在同级监督制度建设中亦是如此，如 B 县的合纪性审查的制度设计由于同现行党内制度存在冲突，在实施中进行了修改，以同当前党内制度相互协调。因此，这就要求在设计和建设同级监督制度时，必须实现其与党内制度的衔接与协调，以最大化发挥同级监督的功能。

### （四）构建多维动力系统是保障

通过上文分析，B 县推进同级监督创新的动力主要是政绩导向的。这显然是属于功利主义的价值激励。毛泽东曾经充分肯定了功利主义的优点，但是也指出了功利主义的弊端，提出要以最广大人民最近和将来的利益作为无产阶级革命者功利主义的出发点（《毛泽东选集》第 3 卷，1991：864）。因此，政绩导向的动力是推进同级监督的重要动力之一，但是这种政绩导向不能是狭隘的、短期的、以升官为目的的，否则就会导致同级监督创新后继无力，甚至创新方向都可能是错误的。习近平总书记在十九届中纪委二次全会上指出，要坚持使命引领和问题导向相统一，将共产主义远大理想与中国特色社会主义共同理想结合起来。将这一精神贯彻落实到同级监督创新的动力来源，就是要构建使命导向－问题导向－政绩导向的多维多层次的动力系统。新时代中国共产党继续承担着推进实现中华民族伟大复兴的历史使命，党的所有行为都要为了实现这一使命，这就要求同级监督的创新必须围绕这一历史使命，指向于国家治理现代化。这一使命的价值激励是同级监督的最持久、最具动力的激励。使命的实现离不开现实的实践，推进同级监督要立足于国家治理现代化的实践，解决国家治理现代化实践中的问题，解决县域治理中存在的党风廉政问题，因而问题导向是推进同级监督创新的最具效果的激励。问题是人解决的，因此激励领导干部创新同级监督的行为，还需要政绩导向，这就需要把政绩建筑在以人民为中心的基础之上，以最广大人民的根本利益作为判断政绩的根本标准，从而实现使命导向、问题导向和政绩导向实践的历史的统一，为推进县级同级相互监督创新提供强大而持久的动力。

## 参考文献

黄晓辉，2015，《加强纪委对同级党委的监督》，《理论探索》第 6 期。

令小雄、张富田，2015，《如何摆脱同级监督的现实困境》，《党政论坛》第 1 期。

刘云山，2015，《努力营造良好政治生态》，《党建》第 6 期。

《毛泽东选集》第 3 卷，1991，人民出版社。

王松德，2015，《破解纪委监督同级党委困局的治本之策》，《中州学刊》第 6 期。

朱建国，2010，《同级监督的价值取向和路径选择》，《中国党政干部论坛》第 8 期。

廉政学研究　第 2 辑

第 145~159 页

© SSAP，2018

# 扶贫开发政策实施中的腐败
# 现象及其治理研究

刘雪明　陈　沁　李远秋*

**摘　要：**扶贫开发是我国保障民生、全面建成小康社会的一项重要政策。在这项政策实施过程中，扶贫对象识别、扶贫资金分配、扶贫项目确定和扶贫绩效评价等环节均出现了程度不等的腐败问题。这些腐败现象，影响了资源的优化配置，加剧了社会的矛盾冲突，助长了腐败风气的蔓延，损害了党和政府的形象，给国家、社会以及个人都带来了严重的危害。政策本身的弊端、政策实施者的缺陷、政策对象的信息不畅和政策环境的不利影响，是导致腐败现象滋生的重要原因，健全完善政策、提高实施者素质、扩大公众参与、强化监督机制以及营造良好氛围，是治理扶贫开发政策实施中腐败现象的有效路径。

**关键词：**扶贫开发；政策实施；腐败现象；腐败治理

扶贫开发政策是国家制定的用于扶持贫困地区生产发展、发展经

---

\* 作者简介：刘雪明，男，江西兴国人，广州大学廉政研究中心、广州廉政建设研究中心主任，广州大学公共管理学院党委书记、教授，主要研究方向：公共政策与廉政建设；陈沁，女，广东梅州人，广州大学公共管理学院社会保障硕士研究生，主要研究方向：社会政策与社会保障；李远秋，广州大学公共管理学院本科生。

济，从而帮助贫困群众提高综合素质，改善生活状况，增加经济收入并摆脱贫困的一系列扶助政策。党和国家历来高度重视扶贫开发工作，尤其是党的十九大提出了"重点攻克深度贫困地区脱贫任务，确保到2020 年我国现行标准下农村贫困人口实现脱贫，贫困县全部摘帽，解决区域性整体贫困，做到脱真贫、真脱贫"（习近平，2017）的精准扶贫目标，表明了打赢脱贫攻坚战的决心。我们知道，在各级政府的共同努力下，扶贫开发政策得到了有效的实施，成功地缓解了我国的贫困状况，贫困人口和贫困地区数量大幅减少。但是在扶贫开发政策实施过程中，却存在着诸多的腐败现象，急需治理。

## 一 扶贫开发政策实施中腐败现象的表现

政策实施既是政策过程的重要实践环节，也是将公共政策目标转化为政策现实的唯一途径（宁骚，2011）。在扶贫开发政策实施的"活动过程"中，包含扶贫对象识别、扶贫资金分配、扶贫项目确定和扶贫绩效评估等若干个功能性环节，而这些环节均存在着不同程度的腐败现象。

### （一）扶贫对象识别中的腐败

扶贫开发，重点在扶真贫。精准确定扶贫对象，是落实扶贫开发政策，开展扶贫开发工作的第一步，也是最关键的一步。因此，扶贫对象识别是政府尤其是地方政府将扶贫开发政策落到实处、实现政策目标的首要环节。而贫困对象的识别，又存在多种方法和标准，有以家庭收入为指标的识别方法，有以日常消费量为指标的识别方法，也有基于医学角度以人们的营养摄入量为指标的识别方法。这就要求扶贫干部在识别贫困户的程中，无论用何种识别方法，都要严格遵守国家的识别原则和标准，杜绝弄虚作假、优亲厚友。然而事与愿违，有不少腐败现象就是在扶贫对象识别阶段发生的。一些扶贫干部，利用扶贫开发之名，谋自己利益之实，在识别扶贫对象的过程中张冠李戴，想方设法都要把不符合贫困条件的亲戚好友冠上"扶贫对象"之名，对符合条件的真正的贫困群众却视而不见，没有将有限的扶贫资源瞄准最需要的贫困群众，严重违背扶贫开发政策的宗旨。据统计，中央纪委监察部网站 2017 年公开曝光的广东省 33 起扶贫开发领域的腐败问题中，就有 9 起是扶贫对象识别中的腐败问题。例如，河源市连平县二联村村干部韦水明等人，在 7 年间，各自以自己配偶或亲属的名义申报并骗取低保金共28.93 万元。在 2018 年新曝光的扶贫开发领域的腐败问题中，曾庆华在 2011 ~ 2014 年，利用职务之便，虚报家庭情况，为其父亲曾某兴办理低保，骗取低保金共计 9600 元；2015 ~ 2016 年，张火木利用职务之便，为其不符合条件的母亲办理低保，骗取低保金共计 8760 元。2015 ~2017 年，陈德信利用复核辖区内低保人员资格的职务便利，将其有固定工作的 2 名亲属认定为低保户，2 人违规领取低保金 2.3 万元。这些官员故意混淆扶贫对象，骗取低保金，将低保金收入自己囊中的行为，严重浪费了国家资源，影响了扶贫开发政策目标的实现。

## （二）扶贫资金分配中的腐败

在 2017 年曝光的广东省扶贫领域腐败和作风问题中，扶贫资金分配中的腐败案例高达 66.7%。可见，扶贫资金分配中的腐败问题已成为扶贫开发政策实施中腐败现象的"重灾区"。《中央财政专项扶贫资金管理办法》规定，中央财政专项扶贫资金的支出方向包括：扶贫发展、以工代赈、少数民族发展、"三西"农业建设、国有贫困农场扶贫、国有贫困林场扶贫，并明确指出对于违反规定、滥用职权、玩忽职守、徇私舞弊等违法违纪行为，将追究相应责任；涉嫌犯罪的，将移送司法机关处理。扶贫资金是国家为改善贫困地区生产和生活条件，提高贫困人口生活质量和综合素质，支持贫困地区发展经济和社会事业而设立的财政专项资金。在此环节中，若扶贫干部廉洁公正，并用遵守纪律、做好工作、帮扶困难群众的责任感和使命感来严格要求自己，将对贫困群众改变生活现状、实现真正脱贫具有实质性作用。但是在扶贫资金分配的具体实施中，有的扶贫干部却巧立名目，利用虚报套取等各种方法和手段将扶贫资金占为己有，甚至挥霍浪费。腐败现象时有发生。例如，梅州兴宁市水口镇洋槐村挂职村委会主任助理、扶贫干部黄伟，在 2014 年 3 月采取签订虚假合同、伪造会计凭证的方式，获取天河区财政局的扶贫资金 45 万元；还有山西省沁县册村镇南庄村原党支部书记武云平 2016 年 11 月利用职务便利，通过谎报支出、虚开发票等方式，骗取整村脱贫扶持资金 4.6 万元。这些官员出于自己的贪欲，将黑手伸向扶贫开发资金，将扶贫资金视为"唐僧肉"，在资金分配过程中想尽办法吃上一口，这种腐败行为发人深省。

（三）扶贫项目确定中的腐败

扶贫项目，是指以解决或缓解贫困为目的、能够使贫困人口从贫困的循环陷阱中摆脱出来的项目（杨秋林，1994）。近年来，随着国家对扶贫工作的高度重视，在扶贫项目上投入的精力和资金也越来越多。现今的扶贫项目主要包括教育扶贫项目、医疗扶贫项目、文化扶贫项目、科技扶贫项目、产业扶贫项目以及生态扶贫项目等。扶贫项目的增多，意味着需要的扶贫资金也就越来越多。与扶贫对象和扶贫资金不同，扶贫项目是扶贫资金使用的重要载体（吴映雪、周少来，2018）。扶贫项目不仅需要大量使用扶贫资金，而且需要与市场进行密切的合作，在扶贫项目建设的过程中，就有开发商或供应商千方百计与扶贫干部相勾结，从而产生权力寻租、腐败滋生等问题。例如，一些扶贫干部在扶贫项目建设过程中不按正规程序进行招标，以此收受贿赂，甚至有的还在扶贫项目评标过程中利用职务之便帮助开发商或供应商中标以获取私利。还有一些扶贫干部违规操作扶贫项目，明知道该项目存在偷工减料、验收不合格等情况，却因为收受好处或有利可图而选择睁一只眼闭一只眼，虚报工程量骗取国家扶贫项目款项。这些腐败现象，会使一些扶贫项目在投放使用时出现各种各样的问题，影响扶贫开发政策的顺利实施。

### （四）扶贫绩效评估中的腐败

绩效评估是各级政府实施扶贫开发政策的又一重要环节，这个环节主要是发现和纠正扶贫对象识别、扶贫资金分配和扶贫项目确定过程中出现的问题，也是对扶贫开发成效的监督和检验。而事实上，在绩效评估这个环节也存在腐败现象，这个现象将导致扶贫开发政策实施中的其他环节腐败现象的增加。有学者认为，对村干部监督不足、绩效评估不到位，是导致精准扶贫领域"村官"腐败问题产生的首要原因（沈孝鹏，2017）。扶贫开发政策实施效果的绩效评估包括政府目标实现状况评估、贫困人群受益情况评估和资金绩效评估（郑志龙、丁辉侠、韩恒，2012）。在我国，地区之间政策实施的绩效评估方法不一，标准也不尽相同，没有严格规范的扶贫绩效评估标准、人员和形式，评估程序随意性大，再加上对扶贫干部监督不足，导致评估中的不正之风和腐败现象多发。比如，有的扶贫开发干部在没有完成扶贫目标的情况下，为了实现上级规定的扶贫任务，向上级干部或绩效评估小组送礼行贿，从而在绩效评估中获得肯定。这种腐败行为容易导致扶贫开发干部在工作过程中得过且过，不思进取，不认真履行自己的工作职责和执行上级政府下发的扶贫任务；上级政府则与扶贫开发干部官官相护，扶贫指标完成情况虚高，扶贫的实际效用大打折扣。

## 二 扶贫开发政策实施中腐败现象的危害

众所周知，扶贫开发工作越来越受到党和国家的重视，但扶贫开发领域腐败的涉案形式也是层出不穷，涉案金额越来越大，给个人、社会、国家等都造成了不同程度的危害。对个人而言，前途尽毁，家庭破裂；对社会而言，社会矛盾加剧，社会风气败坏，危害社会的进步发展；对国家而言，不仅造成了扶贫资金的浪费，还带来不可挽救的信任危机，损害了国家的形象。

## （一）影响资源的优化配置

党中央指出，政府要在尊重市场资源配置决定性作用的同时，进行合理的宏观调控，以促进经济健康稳定发展。为全面建成小康社会，我国在一部分人先富起来的同时贯彻"先富帮后富"和"城市带动农村"思路。扶贫开发政策就是优化资源配置、实现均衡发展的重要措施。虽然扶贫资源并非具有"排他性"，但是一旦这种资源被俘获后，扶贫资源的"排他效应"自然会出现（周冬梅，2018）。如在扶贫开发政策实施中，若扶贫干部存在贪污腐败、挥霍浪费扶贫资金的行为，就会使本属于贫困群众的扶贫资金"不翼而飞"，属于贫困群众的资源就会被"挤占"。本应"为民理财"的扶贫官员，却因在精准识别中优亲厚友、在资金分配中中饱私囊、在项目确定中谋求私利、在绩效评估中官官相护，致使公共资源流入其私人账户，占为己有。"为民理财"几乎成了为腐败者"护财"，严重的甚至导致贫困群众无法改变生活现状，无法实现脱贫。其结果就是弱化了有限扶贫资源的优化配置，进而降低了扶贫资源配置的效率与效用，影响政策目标的实现。

## （二）加剧社会矛盾冲突

官和民在扶贫开发政策中分别扮演政策的实施者和受益者。在唯物辩证法的方法论体系中，官与民是矛盾的两个方面，是既对立又统一的，官民关系的发展变化是双方相互联系和相互作用的结果。中国共产党最大的政治优势是密切联系群众，而最大的危险就是脱离群众。在扶贫开发政策实施过程中也是如此。若将扶贫干部比喻成舟，百姓则是水，如果扶贫开发的政策执行者处处为百姓着想，帮助困难群众实现脱贫，过上小康生活，则官与民得以和谐相处，"水"载"舟"共同促进政策目标的实现；如果扶贫干部不仅没有做到"权为民所用，利为民所谋"，反而损害困难群众的切身利益，将百姓的"救命钱""保命钱"

收入囊中，则会打击贫困群众改变生活现状进而实现脱贫致富的信心，引起群众的不满，"水"覆"舟"加重官与民之间的矛盾，甚至产生冲突。例如，有些地区村干部腐败，民众因此积怨深重，造成干群矛盾激化，群众集体上访事件时有发生，严重影响基层社会稳定，加剧社会矛盾冲突。

### （三）助长腐败风气蔓延

纵观党的反腐历史，如果不加大对腐败现象的查处力度，不从严治腐，容忍以权谋私、收受贿赂、吃拿卡要等腐败行为持续发生，必定会使腐败蔓延，败坏社会风气。扶贫开发政策实施中的腐败现象也是如此，基层的扶贫干部作为国家基层社会管理组织的"毛细血管"，看似细小，却直接影响着整个政府机体的健康，关系整个政府的廉洁程度和守法程度（周冬梅，2018）。如果基层扶贫干部渎职失职、以权谋私，他们的亲友、扶贫项目的商业合作者，以及他们的上下级官员，都有可能受到其行为的影响，做出相似的行为。若腐败在扶贫中演变成一种"潜规则"、一种社会风气，成为这个系统中个体发生相互联系的常用而有效的方式，则会造成政府甚至整个社会机体发生"癌变"，并逐渐走向虚弱甚至死亡。扶贫干部贪污腐败，"一切向钱看"，崇尚享乐主义和拜金主义，人民群众的思想观念也会深受影响，甚至造成贪污腐败风气笼罩整个社会，成为社会的大毒瘤，阻碍社会的进步和发展。

### （四）损害党和政府的形象

扶贫开发政策实施以来，在改善贫困群众生活方面取得了一定的成效，贫困群众对党和政府的扶贫开发工作也是高度认可，然而扶贫干部的腐败行为导致扶贫对象得不到精准识别、扶贫资金被冒名替领、扶贫项目变成了谋取私利的工具，官员与在贫困线上的人民群众"争利益"，这就会使贫困民众因得不到应有的帮助而生活更加困难，从而认为政府对他们的生死不闻不问，党和政府的形象也会在人民心目中大打折扣。扶贫开发，使贫困人口改变生活现状进而脱贫，是党和政府对人民的庄严承诺。若政策实施者在履行承诺的过程中腐败丛生，轻则影响党和政府的公信力，重则直接削弱党的群众基础，损害党领导下的政府的形象，老百姓对以"为人民服务"为宗旨的政府逐渐失去信心，政府的权威受到考验。如果任由贪污腐败现象发展蔓延，则会极大挫伤群众的积极性，直接影响国家的法令和政策在基层的实施，"水能载舟，亦能覆舟"。同时，扶贫开发政策实施中发生大量的腐败现象，也会阻碍我国法治政府和服务型政府的建设进程。

## 三　扶贫开发政策实施中腐败现象的成因

随着国家扶贫开发政策的实施以及扶贫开发力度的加大，近年来在扶贫开发领域中的腐败现象呈现上升趋势。究其原因主要有哪些呢？根据政策实施的"史密斯模型"，在政策实施过程中，理想化的政策、执行机关、目标群体和环境因素这四个主要变量及其相互关系，影响着政策实施的效果及过程（Smith，1973）。

### （一）政策本身的不合理

"史密斯模型"认为，理想化的政策，即合法、合理、可行的政策方案对政策的实施具有重要影响。科学、完善的政策是政策有效实施与实现政策目标的基础，也是防止政策实施者"钻"政策漏洞，从而产生腐败现象的重要前提。扶贫开发政策内容极为繁杂，涉及对象十分广泛，难免会存在一些弊端和漏洞，让腐败分子在政策实施中有机可乘，利用政策本身的弊端获取个人利益。首先，在公示方面，扶贫资金数额的公示制度不完善，《关于建立和推行扶贫资金项目公告公示制的通知》明确规定了公示的内容、形式、时限等。但是，公示扶贫开发资金使用应该怎样精确，资金分配的衡量标准是什么，并没有明确的规定。《关于创新机制扎实推进农村扶贫开发工作的意见》中也只是简单地指出要"坚持和完善资金项目公告公示制度，积极发挥审计、纪检、监察等部门作用，加大违纪违法行为惩处力度。逐步引入社会力量，发挥社会监督作用"（国务院，2014）。其次，在监管方面，扶贫干部的行为具体由谁来监管、监管的方式是什么、以怎样的标准来进行监管等问题，都没有明确的规定，只是笼统地写道："拓宽监管渠道，坚决查处挤占挪用、截留和贪污扶贫资金的行为。"（国务院，2011）基于这些政策漏洞，一些地方的扶贫干部在公示时将一些项目资金等不按照实际情况公示，将剩余资金"收入"自己的"腰包"。最后，在扶贫对象退出机制的确定问题上，国家政策提出要研究建立重点县的退出机制，建立扶贫开发效果评估体系。但是，各地区正在建立的扶贫对象退出机制仍不完善，导致一些扶贫干部利用这一政策弊端，使自己或自己的亲友继续享受这一政策福利。

## （二）政策实施者的道德风险

在"史密斯模型"中，执行机关通常是指政府中具体负责政策执行的机构（陈振明，2004），执行机关也是影响政策顺利实施的重要因素。具体负责扶贫开发政策实施工作的是扶贫开发领导小组办公室，与其相关的官员、基层干部、基层工作人员属于政策的实施者。这些政策实施者素质的高低直接影响扶贫开发政策实施的效果。高素质的政策实施者能在实施政策的过程中严格按照国家的规定，依法施政，从而促进政策的顺利实施；素质较低者，则容易因私利导致一系列贪污腐败现象的发生，甚至最终影响和阻碍政策实施。扶贫开发政策实施需要政策实施者的专业素质、业务素质以及道德素质，其中，道德素质缺陷最能导致腐败现象的产生。2015年，习近平总书记在同中央党校县委书记研修班学员座谈时指出，当官发财两条道，当官就不要发财，发财就不要当官。要官员始终严格要求自己，把好权力关、金钱关、美色关，做到清清白白做人、干干净净做事、坦坦荡荡为官（夏晟，2017）。就是倡导官者要有正确的道德观，这不仅会引领领导者带头走正道，还有利于培养"不想腐"的道德风气。扶贫开发政策关乎民生，若在此领域中出现腐败现象，轻则使百姓无法改变生活现状，重则在一定程度上阻碍了群众摆脱贫困循环，实现真正脱贫。还有一些扶贫干部，有知识、有才华、有成就，但是由于缺乏高尚的道德素质，为了一己私利，贪污腐败，损害贫困群众的切实利益。可见，政策实施者特别是扶贫开发政策的实施者若有素质缺陷，没有形成正确的世界观、人生观、价值观，没有权为民所用、情为民所系、利为民所谋的理念，就容易偏离正确的轨道，走向腐败的道路，进而影响政策的顺利实施。

### （三）政策对象的信息不畅

除了政策本身的弊端和政策实施者的素质缺陷外，政策对象的信息不畅也是造成腐败、影响扶贫开发政策实施的重要因素。政策对象，也就是目标群体，在政策执行的过程中，目标群体的思想和行为也会在一定程度上对政策实施造成影响。扶贫开发政策中的政策对象可指贫困地区需要帮扶的群众。在扶贫开发领域，因困难群众自身原因致使其应得的利益被"腐败官员"占有的现象屡见不鲜。究其原因，不难发现：首先，从全国的普遍情况来看，贫困地区经济落后，资源条件有限，交通闭塞，群众文化水平又普遍偏低，法律知识薄弱，扶贫开发政策中的宣传和公示无法让贫困群众获得有用的信息。一些扶贫干部，就是利用群众的这个劣势，在群众获得信息不畅的情况下"钻"国家扶贫开发政策的空子，侵占他们的切身利益，想方设法把他们的扶贫资金占为己有。其次，无人指点贫困群众如何利用法律维护自己的合法权益，当发现自己的利益受到损害时，也不知该如何维护自己享受国家扶贫开发政策的权利。腐败分子又利用贫困地区困难群众的这一弱点，谋取自身利益。这样，在扶贫开发政策实施中就出现了为数不少的将自己不符合条件的亲友登记为建档立卡的贫困户的现象，而真正的贫困户却失去了获得帮扶的机会。以此产生了扶贫开发干部张冠李戴、虚报扶贫对象名额、优亲厚友的腐败行为。

### （四）政策环境的不利影响

我们知道，政策环境是公共政策执行的路径依赖和影响因素。有什么样的政策环境，就有什么样的公共政策，公共政策是政策环境的产物，环境决定和制约政策，政策则改善和塑造环境（夏晟，2017）。在扶贫开发政策实施过程中，就有因政策环境的缺陷而产生的腐败现象。第一，扶贫干部权力集中。"权力过于集中，妨碍社会主义民主制度和党的民主集中制的实行，妨碍社会主义建设的发展，妨碍集体智慧的发挥，容易造成个人专断，破坏集体领导，也是在新的条件下产生官僚主义的一个最重要原因。"（邓小平，1983）在扶贫开发政策实施过程中，大多数地区贫困户的识别与确定、扶贫项目的确定和扶贫资金的分配都是由扶贫干部决定的，常常缺乏民主投票和详细的公示环节，容易滋生腐败现象。第二，对扶贫干部缺乏监督。缺乏监督的权力就像脱缰之马。扶贫干部在执行政策的过程中，民主监督机制不强，内部监督薄弱，第三方监督机制缺乏。2018年湖南省查处的一批扶贫领域"微腐败"中，就有因扶贫干部"独享一家之权"或各级政府对扶贫资金的监管不深入，对扶贫资金是否真正落到贫困群众手中、剩余的资金流向何处等问题都没监督落实，才直接导致腐败在权力的掩护下悄然滋生。第三，现实利益的驱动。如果说公共政策的本质是政府对社会实行权威性的利益分配（陈庆云，2011），那么扶贫开发政策则是政府通过再分配的方式向贫困地区的困难群众分配公共利益。在社会主义市场经济体制下，当扶贫干部的自利性出现了问题，受现实利益的驱使，就会编造各种理由将"利益"分配到自己手中，造成腐败。

## 四 扶贫开发政策实施中腐败现象的治理

"史密斯模型"中影响政策执行的因素若存在缺陷，会导致腐败现象的产生，进而阻碍政策的实施。而每一个因素的优化，都可以减少腐败现象，因此，我们要治理扶贫开发政策实施中的腐败现象，促进扶贫开发政策的有效实施，进而实现其政策目标。

## （一）健全政策，防微杜渐

腐败现象在扶贫开发政策实施过程中屡见不鲜，一个很关键的原因就是政策本身存在缺陷，从而让腐败分子"有机可乘""有空可钻"。因此，正如习近平同志所讲，要"把权力关进制度的笼子里"（习近平，2018），要建好"制度的笼子"，首先就要健全扶贫开发政策，防微杜渐。一是要明确扶贫对象的主要特征就是生活贫困。在我国，地区之间的生活水平不同，需要帮助的地区及群体"贫"和"富"的概念也是相对的，因此在政策中应按照不同地区的状况规定贫困户建档立卡的具体标准，以避免扶贫干部优亲厚友，识别不精准。二是要制定相关政策，明确扶贫项目确定的程序应该是由扶贫干部提出方案、贫困群众公开投票决定认可，并通过合法的程序公开招标的。在扶贫项目建设过程中，各项支出都应明确公示，有据可查。只有这样，才能从政策源头上遏制腐败现象的发生。三是要在中共中央办公厅、国务院办公厅印发的《关于建立贫困退出机制的意见》的基础上，完善政策的实施细则和贫困户退出的标准，明确贫困户在达到脱贫标准后应准时退出的机制，以免在实施细则不明的情况下，扶贫干部在贫困户精准识别、扶贫资金分配环节"钻"政策的空子、暗箱操作，滋生腐败。

## （二）树立爱心，提高素质

扶贫干部是政策实施的主体，同时也是执行机关的重要成员，对于扶贫开发政策的顺利实施具有不可忽视的作用。在扶贫工作任务重、环境恶劣且金钱诱惑大的情况下，注重提高自身的道德素质，给清廉的作风一个常态（庄德水，2016）就显得尤为重要。首先，要使扶贫干部坚定为人民服务的理念，始终坚持全心全意为人民服务的宗旨，面对巨额扶贫资金的诱惑，要时刻保持头脑清醒，保持清廉的作风不动摇。其次，加强扶贫干部道德素质的培养。通过素质课堂、宣传教育等方式，对扶贫干部进行道德素质教育，以避免其在面临众多的诱惑和考验的情况下误入歧途。最后，要加强廉政教育，通过开展细致入微的经常性教育，不断提高扶贫干部的思想觉悟，让身处基层的干部能深刻意识到天网恢恢，疏而不漏，任何滥用权力对扶贫资金动歪脑筋的行为都将受到严惩，灌输"一旦腐败、一切归零"的意识，从根源上纠正"小贪不算腐败""人不知即己不为"等观念，筑牢防腐拒变的思想防线，提高道德素质，做到心有所畏，享有所戒，行有所止。

（三）普及宣传，扩大参与

治理扶贫开发政策实施中的腐败现象，不仅是党和国家的责任，更关系到贫困地区的发展和困难群众的利益，因此应加强宣传，使社会各界人士都参与到反腐败的行列中来，才能有效治理扶贫开发中的腐败现象。第一，加强扶贫开发政策的相关宣传，加强法治教育培训。通过定期进村讲法、贴海报等方式，结合身边的典型案例，用通俗易懂的语言"以案释法"，增强贫困群众的法律知识，让群众了解自己在扶贫开发政策实施中享有的权利和应尽的义务。第二，提高群众的政策参与度。政府部门不仅要推行政务公开，对扶贫开发政策进行公开公示，也要引导贫困群众主动参与到扶贫开发政策实施的各个环节中，如进行民主投票，主动听取人民群众的意见，定期开展对贫困户的"家访"等，以此帮助群众了解政策，行使自己的参与权。第三，鼓励社会各界人士参与到扶贫开发腐败治理中来，如扶贫开发项目涉及工程的施工、物资的采购、项目的运作等，这些都需要扶贫干部与市场的合作，若在此过程中发生腐败现象，商界人士和社会人士都可举报相关不法行为，以及时查处，使腐败分子无机可乘。

（四）制约权力，强化监督

不受约束的权力，表面是福，其实是祸。权力监控不到位，是产生腐败的直接原因，任何腐败归根到底都是因为权力的集中和滥用（徐迅雷，2015）。因此，治理扶贫开发政策实施中的腐败现象，就要强化监督，控制权力。一是要强化政府部门的内部监督。政府部门是政策实施的主体，在扶贫开发政策实施过程中，政府要对扶贫对象的识别、扶贫资金的使用、扶贫项目的确定等环节进行科学且严格的监督，并在此过程中完善相关法律法规，使对扶贫开发的监督有法可依，有据可循。二是要引入第三方监督机制。第三方机制能更好地从"局外人"的视角和专业的角度对扶贫开发政策实施中干部的行为进行监督，以更加精确、及时发现和制止腐败现象。三是要依靠人民群众，强化群众监督。在扶贫开发政策实施过程中，各项政策都涉及群众的切身利益，因此增强群众的政策参与意识和监督能力，利用群众力量强化对各级政府和扶贫干部的监督，营造全民监督的氛围，是预腐反腐的重要途径。四是要重视舆论监督。舆论监督作为第四种权力，已成为群众行使民主权利的重要形式，对曝光扶贫开发政策实施中的腐败现象发挥了不可或缺的作用。

### （五）净化环境，营造氛围

净化环境，营造氛围就是要以零容忍的态度惩治腐败，持续加强腐败的查处力度，净化反腐环境，着力营造不能贪、不想贪、不敢贪的氛围，治理扶贫开发政策实施中的腐败现象。首先，腐败现象应该早发现早治理。从小处抓起，从日常抓起，发现苗头性、倾向性问题要及时制止，争取把问题消灭在萌芽中，避免"小问题"在现实利益的驱动下变成"大问题"。其次，各级部门要对扶贫开发政策实施中发现的腐败问题认真对待。做到主动深入第一线，了解情况，强化检查，坚持"发现一起、查处一起"的原则，保持无禁区、全覆盖、零容忍的姿态，不姑息任何一个贪污腐败者，做到有案必查，有腐必惩。最后，上级领导干部应该以身作则树立廉洁的作风，起到带头作用，给基层的扶贫干部树立学习的榜样，营造自上而下廉洁公正的良好氛围。总之，扶贫开发政策实施中腐败现象的有效治理，需要整个社会良好的廉洁之风和法制环境。

## 参考文献

陈庆云，2011，《公共政策分析》（第 2 版），北京大学出版社。

陈振明，2004，《公共政策学：政策分析的理论、方法和技术》，中国人民大学出版社。

程红，2010，《政策环境对公共政策的影响——以政府绩效考核的变化发展为例》，《理论界》第 6 期。

邓小平，1983，《邓小平文选》第 2 卷，人民出版社。

国务院，2011，《中国农村扶贫开发纲要（2011—2020 年）》，12 月 1 日。

国务院，2014，《关于创新机制扎实推进农村扶贫开发工作的意见》，1 月 26 日。

宁骚，2011，《公共政策学》，高等教育出版社。

沈孝鹏，2017，《精准扶贫领域"村官"腐败的发生诱因与预防机制——基于中部 6 省 168 起典型案例的考察》，《宁夏社会科学》第 6 期。

王文涛，2017，《制度预防腐败理论视角下我国基层扶贫领域行政腐败问题研究》，华中师范大学硕士学位论文。

吴映雪、周少来，2018，《涉农资金整合下精准扶贫项目运作及其脱贫成效考察——以 H 县精准扶贫项目运作为例》，《云南大学学报》（社会科学版）第 2 期。

习近平，2017，《决胜全面建成小康社会 夺取新时代中国特色社会主义伟大胜利——在中国共产党第十九次全国代表大会上的报告》，10 月 18 日。

习近平，2018，《习近平谈治国理政》，外文出版社。

夏晟，2017，《当官就不要发财 发财就不要当官》，《光明日报》7 月 4 日。

徐迅雷，2015，《权力与笼子》，广西师范大学出版社。

杨秋林，1994，《贫困地区投资项目管理》，人民出版社。

郑志龙、丁辉侠、韩恒，2012，《政府扶贫开发绩效评估研究》，中国社会科学出版社。

周冬梅，2018，《精准扶贫的资源配置逻辑与实践困境》，《西北农林科技大学学报》（社会科学版）第 2 期。

庄德水，2016，《保持反腐可持续性的路径探究》，《石油化工管理干部学院学报》第 3 期。

Smith，T. B. 1973. "The Policy Implementation Process." *Policy Sciences* 2：197 – 209.

廉政学研究　第 2 辑

第 160 ~ 178 页

© SSAP，2018

# 《监察法》立法文本评析

## ——兼谈《监察法》实施中亟待解决的几个疑难问题[*]

林　泰　黄鑫平[**]

**摘　要：**《监察法》的最后定稿对比《监察法》的三稿草案，在立法技术和实质法治两方面有着巨大进步。但由于国家监察制度改革是一项全新的国家权力制度构建，为确保监察制度在实践中运行的灵活性，目前《监察法》的规定总体上看相对简约、粗疏，因此不可避免地留下了一些亟待补充和解决的空白地带及疑难问题。应尽快修法确定国家监察委员会对监察法规的制定权，进一步细化对人大代表监察权限可涉及范围及如何与人大代表的特别人身保障程序进行衔接等规定，对教科文卫体单位中的监察对象应做进一步明晰界定，廉政教育对象不应局限于公职人员，应对行政监察三项职能进行科学的界分，分解吸收。要坚持法治原则，以严格规范监察权力为前提，给予《监察法》实施必要的试错空间，立足实践，做到制度设计与实践演变严密缝合。

---

[*]　基金项目：本文是 2017 年度重庆市社会科学规划重点项目"设立监察委员会背景下监察权与行政权、检察权衔接研究"（项目批准号：2017ZDFX12）阶段性成果。

[**]　作者简介：林泰（1980 -　），广东汕头人，重庆工商大学法学院教授，重庆廉政研究中心研究员，法学博士、博士后，主要研究方向：行政法、监察法、反腐败与廉政理论；黄鑫平（1995 - 　），江西宜春人，重庆工商大学法学院 2017 级硕士研究生。

**关键词**：《监察法》立法；立法技术；实质法治；《监察法》实施

2018 年 3 月 20 日，第十三届全国人大第一次会议表决通过了《中华人民共和国监察法》（下文简称《监察法》），我国正式确立了监察权的全覆盖，完成了开展反腐败工作的顶层制度设计。《监察法》的制定"是坚持和加强党对反腐败工作的领导，构建集中统一、权威高效的国家监察体系的必然要求，是坚持党内监督与国家监察有机统一，坚持走中国特色监察道路的创制之举"①，《监察法》出台经过了从《中华人民共和国监察法（草案）》（下文简称《监察法（草案）》）一审稿、二审稿到《监察法（草案）》提交两会审议稿的反复论证、修改过程，直到《监察法》最后定稿。在《监察法（草案）》一审稿、二审稿到《监察法》最后定稿的立法过程中对法案的反复论证、修改反映了我国立法的严谨态度和对人民负责的精神。

《监察法》最后定稿与《监察法（草案）》一审稿对比看来，目录到具体法条都有非常大的变化。从目录的调整变化来看，虽然《监察法》和《监察法（草案）》一审稿的目录都为九章，但是有三处变动：一是《监察法》将草案一审稿的第四章"监察职责"并入第二章"监察机关及其职责"；二是《监察法》第三章标题由"监察范围"变为"监察范围和管辖"；三是最后增加第九章"附则"，因此章节数量仍然和其草案一审稿的章节数量一致。从具体法条的调整变化来看，《监察法》对比其草案一审稿除第二十一条、第三十七条、第五十四条、第五十六条和第六十二条没有变化，其余的 64 条法条都有调整变化。《监察法（草案）》一审稿到《监察法》最后定稿的目录和具体法条的调整变化，反映出《监察法》在立法技术和实质法治两方面取得了进步。在立法技术方面的进步主要体现在《监察法》所采用的词语更加准确，语言更加精简和表述更加严谨。此外《监察法》在实质法治方面显然

---

① 参见《关于〈中华人民共和国监察法（草案）〉说明》，新华网，http://www. xinhua-net. com/politics/2018lh/2018 – 03/14/c_1122532994. htm，最后访问时间：2018 年 4 月 22 日。

也取得了长足的进步，体现为构建了更加具体、科学的监察法律规则和贯彻了正确的价值原则。

## 一 《监察法》立法技术方面的进步

查阅监察改革文献后，我们发现对《监察法》这部法律的论述囿于实质法治方面，鲜有从立法技术这一视角解析《监察法》的。立法技术在"广义上指同立法活动有关的规则和方法的总称，包括立法机构组织形式的规则，立法程序的规则和法律规范的逻辑结构、文字表达的规则等。运用立法技术，有助于准确、完整地表示立法者的意图"（《中华法学大辞典·宪法学卷》，1995）。《监察法》最后定稿较之于《监察法（草案）》一审稿、二审稿、提交"两会"审议稿在立法技术上的进步，归纳起来共有三方面，即用词、语言和表述。

### （一）用词更加准确

其用词变化主要体现在《监察法》最后定稿的第十七条、第二十六条、第二十七条和第五十二条，整理如下。

表 1 用词变化示例

| 草案一审稿 | 草案二审稿 | 提交"两会"审议稿 | 最后定稿 |
| --- | --- | --- | --- |
| 第十四条第二款监察机关……可以请求移送…… | 第十七条第二款监察机关……可以请求移送…… | 第十七条第二款监察机关……可以报请…… | 第十七条第二款监察机关……可以报请…… |
| 第二十八条监察机关……形成勘验检察笔录…… | 第二十六条监察机关……写成笔录…… | 第二十六条监察机关……制作笔录…… | 第二十六条监察机关……制作笔录…… |
| 无 | 第二十七条监察机关……写出鉴定意见…… | 第二十七条监察机关……出具鉴定意见…… | 第二十七条监察机关……出具鉴定意见…… |
| 第五十条（二）提请赃款赃物所在国…… | 第五十二条（二）提请赃款赃物所在国…… | 第五十二条（二）提请赃款赃物所在国…… | 第五十二条（二）向赃款赃物所在国请求…… |

注：表格中"无"指该稿对比其他文稿没有此法条；表格内容来自《监察法（草案）》一审稿、二审稿、提交两会审议稿和《监察法》的文本。

由表 1 可以看出《监察法》最后定稿经历了三稿草案的逐步修订完善后其文本用词趋于准确。《监察法》最后定稿第十七条第二款的移送管辖规定中的用词由草案一审稿、草案二审稿的"请求"变化为后两稿的"报请"。根据文义解释，"请求"意指"提出要求，希望得到满足"，而"报请"意指"用书面形式向上级报告并请求同意"（《法律文书大词典》，1991）。在监察机关将重大、复杂的监察事项移送给上级监察机关管辖的过程中，显然需要通过书面形式向上级报告并请求同意。因此将"请求"一词改成"报请"是更准确的，体现了监察机关移送管辖的正式性和严肃性。这类用词变化的意义在于"这类语词具有关键字的特质，借此可以构建出一种独特的意义范围"（拉伦茨，2016），即通过词语含义来确定立法者想要构建特定的意义范围，更精准地表达立法者的思想。同理基于文义解释对表 1 中另外三法条的用词变化进行分析，也可以得出《监察法》最后定稿所采用的词语更加准确的结论，其他不再一一赘述。

## （二）语言更加精简

法谚有云："简短是法律之友，极度的精确在法律上受到非难。"《监察法》最后定稿充分体现了该原则，做到了法律文本"精简适宜"。文本用语更加精简这一点则在从草案一审稿到《监察法》最后定稿的具体法条变动中或多或少地体现。如《监察法》和《监察法（草案）》提交"两会"审议稿的第九条都采用"地方各级监察委员会"的表述，而没有采用前两稿草案的"县级以上地方各级监察委员会"的表述，经过对比，前一种表述无疑更加精简。还有《监察法》第四十四条第三款："被留置人员涉嫌犯罪移送司法机关后，被依法判处管制、拘役和有期徒刑的，留置一日折抵管制两日，折抵拘役、有期徒刑一日。"该条对比前三稿草案，删去了"留置期限应当折抵刑期"，做到了精简用语而不影响所表达的意思。通过精简用语，使得《监察法》最后呈现的文本更加简洁大方，又恰到好处地表达出立法者的思想。

### （三）表述更加严谨

《监察法》表述更加严谨主要体现在概念的使用上。《监察法》和《监察法（草案）》提交"两会"审议稿第四条第二款"监察机关办理职务违法和职务犯罪案件，应当与审判机关、检察机关、执法部门互相配合，互相制约"，其采用"审判机关、检察机关、执法部门"的表述代替了《监察法（草案）》二审稿第四条第二款使用的"司法机关"的表述。在我国，"司法机关"一般指人民法院和人民检察院，因此该概念并不如"审判机关、检察机关、执法部门"表述严谨。另外，使用"司法机关"这个概念在文义表达上会给人仅仅是监察机关和"司法机关"两者之间的互相配合、互相制约的误导，而采用"审判机关、检察机关、执法部门"的表述则强调了是四者之间的互相配合，互相制约，达到了意思表达清楚明确的效果。

还有《监察法》和《监察法（草案）》提交"两会"审议稿第十九条"对可能发生职务违法的监察对象"，其采用了"监察对象"的表述而未采用草案前两稿"公职人员"的表述。该表述变化是严谨科学的，原因就在于呼应了《监察法》第十五条"监察机关对下列公职人员和有关人员进行监察"，草案前两稿"公职人员"的表述没有囊括"有关人员"，而"监察对象"完整地囊括了"公职人员和有关人员"。此外，《监察法》表述更加严谨在其第八条、第十条、第二十三条等条文亦有体现。

通过对《监察法》最后定稿在用词、语言和表述三方面取得的技术性进步分析，我们可以清晰地看到我国在立法过程中所体现的精益求精的严谨精神和对人民负责的认真态度，这是应当肯定的。

## 二 《监察法》的实质法治进步

所谓实质法治进步，即立法的价值指引、确立的法律原则、具体规范设计等更加符合新时代中国特色社会主义的法治精神、法治要求和宪制框架。《监察法》最后定稿在实质法治方面取得的进步可以归纳为贯彻了正确的价值原则和构建了相对科学合理的监察法律规则。

### （一）规范层面"根据宪法，制定本法"的回归

早在 2017 年 6 月《监察法（草案）》一审稿出台时，饱受争议的一点就是宪法依据问题。在没有修改宪法的情况下启动《监察法》的立法工作，甚至连"根据宪法，制定本法"的条文都没有，这引起了很多学者的质疑和忧虑（童之伟，2017b，2018；胡锦光，2018；韩大元，2017；任喜荣，2017；秦前红，2017），甚至有学者提出了"违宪"的问题。[①] 我国监察体制改革作为一项重大改革，"是我国的监察体制从行政法层次到宪法层次的跃升"（童之伟，2016），制定《监察法》毫无疑问需在规范层面确立"根据宪法，制定本法"。如学者所期待的一样，"新设国家机关，只能通过宪法修改来进行"（韩大元，2017），该问题在制定《监察法》的过程中得到了回应，2018 年 3 月 11日第十三届全国人民代表大会第一次会议通过了《中华人民共和国宪法修正案》，修正案明确了监察委员会的宪法地位，为《监察法》的制定提供了合宪性支持。之后借助"两会"修宪契机，"两会"通过的《监察法》在第一条确定了"根据宪法，制定本法"，尽管修宪和《监察法》的通过时间间隔过短，有稍显仓促之感，但最后定稿还是做到了从形式规范上尊重宪法权威，强调宪法的"根本大法"的地位。

---

① 《物权法》立法时曾产生了类似的争议，草案第一稿没有"根据宪法，制定本法"的表述，北京大学法学院巩献田教授发表《一部违背宪法和背离社会主义基本原则的〈物权法（草案）〉》公开信，其中一点即对形式规范上没有"根据宪法，制定本法"提出了严厉的批评。后来的《物权法（草案）》及最后通过的定稿均增加了这一条。所不同的是，制定《物权法》并不涉及新设国家机关，而监察体制改革涉及改变国家的权力结构模式，新设原先宪法中并不存在的监察委员会，这让违宪争议更加凸显。

## （二）强调了党对监察工作的领导

中国共产党是我国的执政党，"党政军民学，东西南北中，党是领导一切的"，这是我国法律体系的宪制性基础。监察机关从设立那天起就被定位为特殊的国家机关，因为和中国共产党纪律检查委员会合署办公而使其具有鲜明的政治机关属性，是国家机关与政治机关二维属性的统一。坚持党对监察工作的领导工作，重中之重是确定党对监察工作的思想引领。《监察法》最后定稿第二条明确规定了国家监察工作"以马克思列宁主义、毛泽东思想、邓小平理论、'三个代表'重要思想、科学发展观、习近平新时代中国特色社会主义思想为指导"，在正确的思想引领下，才能最大限度发挥出监察队伍的力量，使其权力行使永远朝着正确的政治方向，构建起"集中统一、权威高效的中国特色国家监察体制"。

## （三）在一定程度上加强了尊重和保障人权的力度

尊重和保障人权这一基本原则已经在世界范围内取得共识，我国也早在 2004 年通过宪法修正案将保障人权原则引入宪法。目前我国深入推进全面依法治国、要实现良法善治的一个重要方面，就是"就是将宪法宣示的'国家尊重和保障人权'作为法治建设的目标"（付子堂、郭相宏，2018）。出于《监察法》本身反腐败任务的需要，其不可避免地使用许多限制乃至剥夺公民基本权利的调查手段，所以更需要加强尊重和保障人权的力度。《监察法》第五条增添"保障当事人合法权益"旗帜鲜明地表明尊重和保障人权，这一进步很大程度上是通过《监察法》规定了更加严格的监察程序来反映的。正如有学者所说的："对于可能关涉公民人身自由、财产等基本权利的限制和剥夺，应当有严格的程序限制，以体现对被调查人基本人权的尊重和保障。"（马怀德，2018）监察程序方面，《监察法》最后定稿对比之前三稿草案，在第四十条第二款"严禁以威胁、引诱、欺骗及其他非法方式收集证据，严禁侮辱、打骂、虐待、体罚或者变相体罚被调查人和涉案人员",把"涉案人员"加入了严禁对象之中,扩大了保护对象;第四十四条增加的"有碍调查的情形消失后,应当立即通知被留置人员所在单位和家属"和第四十五条增加的"应当撤销案件,并通知被调查人所在单位",进一步完善留置程序,保障单位和家属的知情权;对第四十九条对不服处理决定复审复核的期限和第六十条被调查人及其近亲属对监察机关申诉期限都予以具体规定。这些规定变化无一不表明了对监察程序更加严格的限制,反映了《监察法》在一定程度上加强了尊重和保障人权力度。

### (四) 进一步明晰与检察机关的衔接

明晰与人民检察院的衔接这一进步,首先反映《监察法》第十一条和第四十五条。对《监察法(草案)》一审稿、二审稿仅规定人民检察院对移送调查结果"依法提起公诉",严重违背了我国《刑事诉讼法》第一百六十七条对于需要提起公诉案件一律由检察机关审查决定的规定,"既然是'依法',在第一百六十七条未被暂停实施的前提下,那么对监察委员会移送起诉的案件,检察机关仍享有独立的审查和提起公诉的权力"(陈光中,2017)。《监察法》第十一条和第四十五条明确人民检察院享有对移送调查结果依法审查的权力,完善其独立行使补充侦查与公诉职能,"增加'依法审查'的规定不仅符合我国刑事诉讼的基本原理,也符合宪法第127条关于办理职务犯罪案件配合与制约的原则与精神"(朱福惠,2018)。其次反映在《监察法》第四十七条,对此三稿草案不仅确定了检察院对监察机关移送案件补充侦查的期限和次数,而且明确了"监察机关认为不起诉的决定有错误的"而要求复议的对象是上一级人民检察院。第四十七条进一步完善了检察院补充侦查和监察委员会要求复议的相关规定无疑对促进监察委员会和人民检察院的衔接起到了积极作用。

### （五） 对留置措施的规定更加严格

留置作为监察委员会 12 项调查措施中唯一限制被调查人人身自由的措施，其相关规定一直是学者们特别是刑事诉讼法学者关注的热点（陈光中，2017；陈光中、邵俊，2017；陈光中、姜丹，2017；陈光中、兰哲，2018；谭世贵，2017；汪海燕，2017；卞建林，2017）。针对《监察法（草案）》一审稿对留置的规定，有学者指出 "'有碍调查，可不通知家属'的例外情况应当取消。实践中，由于该规定过于弹性，很有可能使得'不通知'成为办案常态"（陈光中、姜丹，2017），这一担忧是有道理的。但是基于方便调查考虑，《监察法》没有取消这一例外情况，而是在第四十四条规定了具体的有碍调查情形，并同时规定 "有碍调查的情形消失后，应当立即通知被留置人员所在单位和家属"，通过进一步具体的规定在一定程度上减轻了对 "不通知" 成为办案常态的担忧。

### （六） 更加注重对监察委员会本身的监督

监察委员会是为整合国家反腐败力量，构建 "集中统一、权威高效的中国特色国家监察体制" 而设立。《监察法》第六条增加 "国家监察工作坚持标本兼治、综合治理，强化监督问责，严厉惩治腐败；深化改革、健全法治，有效制约和监督权力" 内容，凸显监察委员会的监察职责，强化其监察地位。但是在国家反腐败力量整合的同时，也意味着监察委员会的权力空前强大。所谓 "权力导致腐败，绝对权力导致绝对腐败"，强化对监察委员会的监察是必要的，"国家监察同样存在被滥用和发生腐败的可能性，因此如何科学设计对国家监察权的制约与监督制度并保障其有效运行，就成为这一重大改革能否取得成功的重要一环"（谭世贵，2017）。

对比三稿草案，《监察法》最后定稿强调了对监察委员会自身的监督。首先是增加了对留置场所的监督，《监察法》第二十二条 "留置场所的设置、管理和监督依照国家有关规定执行"。其次是强调人大监督，《监察法》第八条及第九条将"并接受监督"表述调整为"并接受其监督"，强调监察委员会接受人大监督。《监察法》第五十三条第二款"各级人民代表大会常务委员会听取和审议本级监察委员会的专项工作报告，组织执法检查"，删去了"可以"（听取和审议报告）及"根据需要可以"（组织执法检查），减少对监察委员会监督的弹性，转变为刚性监督，这是强化人大监督的重大进步。最后是强化了监察委员会的内部监督。《监察法》第五十五条明确规定"监察机关通过设立内部专门的监督机构等方式"加强内部监督，此外，第五十八条规定办理监察事项的监察人员面对法定回避情形时被要求"应当自行回避"无疑也是内部监察加强的表现。强化监察委员会的监督体现在《监察法》的方方面面，监察委员会"只会因为有效监督制约的存在和随之而来的公信力的形成而更具权威、更有效率"（童之伟，2017a）。

除上述之外，对比草案一审稿，《监察法》第五条增添的"在适用法律上一律平等，保障当事人合法权益"这一内容及第六条将"加强法治教育"放在"道德教育"之前的调整都充分体现了法治精神。还有其他将监察法律规则进一步具体化的法条，如第二十三条关于冻结财产返还规定、第四十九条关于处理决定复审复核期限规定等都表明了《监察法》最后定稿贯彻法治精神所做的努力。

由此可以看出《监察法》最后定稿在贯彻正确的价值原则和构建科学合理的《监察法》律规则这两方面取得进步，从中也反映了在立法过程，官方积极听取并回应了学界和民间的呼声，这是一种正面的态度，有助于监察权在法治轨道上运行。

## 三 《监察法》实施中的问题与解决

《监察法》最后定稿虽对比三稿草案取得了巨大进步，但是还有一定的完善空间。目前《监察法》的规定总体上看相对简约，作为一项基本上无先例可循的重大改革，宜粗不宜细的原则有利于制度在实践中运行的灵活性和调适性，但也留下了一些进一步改革的空间。

## （一）赋予国家监察委员会监察法规制定权

在我国宪制架构下，原有的中央国家机关都有广义的立法权，全国人大及其常委会可以制定法律，国务院可以制定行政法规，国家军事委员会可以制定军事法规，最高人民法院与最高人民检察院可以出台司法解释。国家监察委员会作为新设立的中央国家机关，与其宪制地位相符，与现行的宪制架构相融，拥有监察法规的制定权是中国特色社会主义制度设计的应有之义。

从实效角度看，法律的生命在于其实施，《监察法》实施要取得良好的效果应当契合我国反腐败的实际需要。在监察制度确立初期，如秦前红教授所言："监察改革是一项前所未有的重大改革，因此监察立法的制度设计除了要总结、固化试点经验外，其他有关制度的安排不过是沙盘推演"，提出这种推演可能与实践贴合，也可能与实践千差万别，因此监察立法的理想方式是"宜粗不宜细"，强调监察立法既不宜过于具体细致也不宜过于原则、粗犷（秦前红，2018a）。现今通过的《监察法》采用了这种"宜粗不宜细"立法方式，全篇仅六十九条，在满足给予监察体制改革必要试错空间的前提下规定了基本的监察法律框架，为监察机关提供了重要法律支撑。但是伴随监察制度在实践中演进，单纯一部《监察法》将难以支撑起我国反腐败战略的实施，张晋藩教授就在总结我国古代监察制度历史经验的基础上指出"随着监察制度的形成和发展，监察立法也相应地有所发展，由简单到复杂，由单项到法典化，内容广泛，形式多样，使得监察活动有法律根据"（张晋藩，2018）。可行的办法是增加监察机关制定监察法规的职权，明确监察机关有权根据监察实践需求，在《监察法》规定的基本框架内，填充完善《监察法》提供的法律框架，做到既保证《监察法》的权威，又使《监察法》与实践紧密缝合。总之，明确国家监察委员会的监察法规制定权可以及时解决《监察法》本身制定的简约、粗疏带来的具体因应性的不足，实现将一切监察活动纳入法治化轨道的目标。

目前国家监察委员会已经下发了《公职人员政务处分暂行规定》、《国家监察委员会管辖规定（试行）》等事实上对《监察法》的实施做出具体化规定的文件，这引发越权的疑虑。建议尽快修改《立法法》，在《立法法》第三章"行政法规"后面增加一章"监察法规"，赋予国家监察委员会监察法规制定权，并规定其权限范围。

### （二）明确人大代表监督和被监察双重角色

明确人大代表监督和被监察双重角色，重点在于厘清人大代表被监察问题。《监察法》第十五条规定中对监察机关是否有权监察人大代表的问题未给出明确规定。依据《国家监察委管辖规定（试行）》（下文简称《管辖规定（试行）》）第四条第六项规定：其他依法履行公职的人员，包括人大代表、政协委员、党代会代表、人民陪审员、人民监督员、仲裁员等，其他在国家机关、国有公司、企业、事业单位、群团组织中依法从事领导、组织、管理、监督等公务活动的人员。该规定把人大代表身份定位为"其他依法履行公职的人员"，将其纳入监管范围。在中国语境下各级人大代表基本属于兼职代表，将其纳入监察范围有利于实现"国家监察全面覆盖"的目标，具备一定合理性。但《管辖规定（试行）》简单地将人大代表纳入监管范围仍然存在问题，虽然《管辖规定（试行）》只是将人大代表而非人大工作纳入监察避免了逻辑悖论，但是人大代表的职务行为与人大运行密切相关，对人大代表的监察可能对人大制度带来消极影响，因此需要遵循谦抑原则，尽快进一步细化人大代表监察权限范围及如何与人大代表的特别人身保障程序进行衔接等规定。有学者针对如何监察人大代表提出必须要尊重人民代表大会的宪法地位，强调监察机关对于监察人大代表要持谨慎态度，具体而言"对于人大代表的违法违纪问题应该建立特殊的惩戒制度来予以处理"，对兼职人大代表采取监察留置措施必须"恪守宪法、组织法规定的对人大代表的特殊保护法律程序"（秦前红，2018b）。

## （三）扩大教科文卫体单位中的监察对象

《监察法》第十五条将公办的教育、科研、文化、医疗卫生、体育等即所谓事业单位中受到监察的范围限定为"从事管理的人员"，这种限定并无必要性，实践中也带来困惑。这种"管理"是一种身份认定还是一种行为认定《监察法》及官方解释均不明确（中纪委、国监委法规室，2018a，2018b）。事实上，即便对"从事管理"的界定可以明确，将"非管理人员"排除在监察对象之外也并不科学，"非管理人员"在很多情况下同样占用及支配了大量公共资源，同样存在违反职务廉洁性的行为，以行为后果严重性、社会危害性而言同样不可小视，如实践中中小学老师索取收受红包、医生索取收送红包等。

以教育、科研单位中的高等学校以及科研机构为例，我国作为世界上最大的发展中国家，对人才的培养投入了大量的资源，这些资源主要流向了各大高校和科研机构，仅研究经费一项据统计。

由表 2 数据可知每年各大高校、科研机构获得了大量的研究经费，且经费数额逐渐增加。从 2013 年到 2016 年五年数据分析来看，高等学

表 2　高等学校、科研机构经费支出和政府投入

单位：亿元

| | 2012 年 | 2013 年 | 2014 年 | 2015 年 | 2016 年 |
|---|---|---|---|---|---|
| 高等学校研究与试验发展经费支出 | 780.56 | 856.70 | 898.10 | 998.59 | 1072.24 |
| 高等学校研究与试验发展政府资金经费支出 | 474.07 | 516.90 | 536.50 | 637.26 | 687.75 |
| 科研和开发机构研究与试验发展经费支出 | 1548.93 | 1781.40 | 1926.20 | 2136.49 | 2260.18 |
| 科研和开发机构研究与试验发展政府资金经费支出 | 1292.71 | 1481.23 | 1581.00 | 1802.69 | 1851.60 |

资料来源：中华人民共和国国家统计局官网，http://www.stats.gov.cn/tjzs/tjbk/#，最后访问时间：2018 年 4 月 22 日。

校研究与试验发展经费支出中政府投入占59.7%到64.1%，科研和开发机构研究与试验发展政府资金经费支出中政府投入占81.9%到84.4%，可见政府投入占高校、科研机构研究经费的大部分，且政府投入呈现逐年上涨的趋势。以上数据分析为将高校、科研机构纳入监察范围提供了坚实的基础。目前来看，对高校、科研机构的监管主要集中在领导管理岗位人员，据统计"仅2014年至少有三十九名高校领导因涉嫌腐败犯罪被立案调查，主要集中于基建、人力、采购等分管领域"（程莹，2015），即主要集中在高校行政腐败。但高校、科研机构普通研究人员通常也掌握了相当的经费、资源的支配权，却缺乏有效的监督。就实际情况而言，高校、科研机构普通研究人员贪腐入刑也不乏其例，如"北京外国语大学教授肖某借用非课题组成员的28名学生的名义和身份证领取劳务费82400元，被指控成立贪污罪"；"中国科学院地质与地球物理研究所研究员段某以各种差旅费、劳务费、租车费及复印装订费等名义套取科研经费130万元而被法院以贪污罪判处13年有期徒刑"（全海龙，2013），等等。

高校、科研机构普通研究人员"通过各种手段，私自扣押科研经费，或者是将科研经费套现变成自己的收入，此外，还有在职人员将应该投入科研工作的经费用作其他用途，比如旅游、个人奖励或者津贴发放等"（邱房贵，2016）。可见高校、科研机构普通研究人员浪费、侵占国家投入的研究经费现象普遍存在，因此将高校、科研机构普通研究人员也纳入监察范围是为避免国家资源浪费的必然要求。但《监察法》第十五条对"公办的教育、科研、文化、医疗卫生、体育等单位"仅限于"从事管理的人员"给监察执法留下了盲区，起码目前将高校、科研机构研究人员纳入监察对象具有必要性和紧迫性，未来应当对这片监管盲区予以重视。建议将之改为"（四）公办的教育、科研、文化、医疗卫生、体育等单位中从事管理的人员以及其他按照权限管理公共财物的人员"，然后参照《管辖规定（试行）》①对该项进行列举。

### （四）监察委员会要对廉政教育予以足够重视

综观整部《监察法》，其绝大多数规定属于反腐败事后控制，对反腐败事前控制即廉政教育问题未给予足够的重视，仅仅在《监察法》第六条及第十一条有体现，且第十一条"对公职人员开展廉政教育"只将教育对象局限于公职人员。抓好廉政教育，不仅有利于营造社会清正廉洁的氛围，而且功在下一代。所以，廉政教育对象局限于公职人员是远远不够的，如果不从源头上遏制腐败的思想，就无法根治腐败。我国香港地区是反腐败转型成功的典型地区，其廉政教育及腐败预防方面的成功得到国际社会的普遍认可，其廉洁指数居于世界前列。由于香港地区文化与大陆地区同根同源，提高了移植相关法律制度的适应性，能很大程度上避免"水土不服"的情况。

香港反腐败机构是 1974 年成立的廉政公署，"香港廉政公署作为独立执法机构，以肃贪倡廉为目标，采取防治、教育及调查三管齐下的反腐败模式。……社区关系处主要负责廉洁教育。……从反腐败战略看，在教育方面，廉政公署每年都会制作宣传片和教材，宣传反腐意识，培养市民的腐败零容忍态度"（宋伟，2014）。从香港的反腐败教育经验中我们可以总结出以下几点：一是重视廉政教育地位，从香港政府采取了诸多举措的事实侧面就能说明廉政教育的重要地位，不摆正对廉政教育的认识，就无法奠定廉政教育成功的基础；二是专门机构负责，专门机构负责的好处首先在于职责明确，不至于出现怠于行使职责，消极推诿工作的情况。其次在于力量集中，正如我国成立监察委员会是为了整合反腐败力量，集中力量反腐败，设立专门的廉政教育机构也能达到同

---

① 《管辖规定（试行）》规定：《监察法》第四条第（二）项，受国家机关依法委托管理公共事务的组织中从事公务的人员，包括银行保险、证券等监督管理机构的工作人员，注册会计师协会、医师协会等具有公共事务管理职能的行业协会的工作人员，以及法定检验检测检疫鉴定机构的工作人员等。

样的效果；三是廉政教育面向市民广泛群体，尤其是培养青少年的廉洁意识。香港通过对廉政教育宣传范围的全覆盖成功获得了广大市民对反腐败工作的支持，使反腐败工作取得"事半功倍"的效果。所以《监察法》可以在总则一章单独新设关于廉政教育法条以确立廉政教育及腐败预防问题的重要性，在"监察机关及其职责"一章新设专门机构负责廉政教育，并扩大其对象范围，而不是仅局限公职人员。

### （五）原来的行政监察职能要有效衔接

监察委员会的成立是整合反腐败力量的重大举措，因此行政监察也被纳入监察委员会的职能范畴。随着《监察法》的正式出台，其第六十九条"本法自公布之日起施行。《中华人民共和国行政监察法》同时废止"表明行政监察职能由监察委员会正式承接。但是由于监察委员会的监察性质同之前《中华人民共和国行政监察法》所规定的行政监察性质存在一定程度的不完全契合性，行政监察职能分解去向存疑。据2010年修订的《中华人民共和国行政监察法》第十八条"监察机关对监察对象执法、廉政、效能情况进行监察"规定，行政监察机关具有履行执法监察、效能监察和廉政监察这三项行政监察职能。除了廉政监察职能同监察委员会的性质契合外，另外两项行政监察职能都存在与监察委员会性质不尽契合之处。

2018年《中华人民共和国宪法修正案》第三十七条"宪法第三条第三款'国家行政机关、审判机关、检察机关都由人民代表大会产生，对它负责，受它监督'修改为'国家行政机关、监察机关、审判机关、检察机关都由人民代表大会产生，对它负责，受它监督'"规定监察机关同国家行政机关、审判机关、检察机关相并列，表明监察委员会是独立于这三个国家机关以外的专门监察机关，因此监察委员会对行使公权力人员的监察应当是外部监督或者是"异体监督"，且监察委员会是以反腐败为目标，所承接的行政监察职能在很大程度上只能发挥廉政监察的职能。而行政监察中的执法监察、效能监察职能"不是单纯的监督，而是管理与监督的有机结合，体现在行政监察以过程管理与过程监督为手段，以行政组织的科学化和行政行为的合理合法为目的，以对违法违纪行为的惩戒和公民合法权益的保护为补救的本质属性"（刘峰铭，2017），说明行政监察这两个职能的目标主要是监督行政机关依法行政、确保行政效率和督促行政人员勤政，而不是反腐败，其行使具有日常性、全面性等特征，是保证行政机关高效依法运行的一种内部性质的监督。监察委员会外部监督性质及其"反腐败机关"的定位导致其难以兼顾行政监察中的执法监察、效能监察职能，无法也不应该投入过多的精力到监察日常行政工作。

解决这一问题的关键在于在整合行政监察职能的过程中，不宜简单地将行政监察职能整合吸收，"不应纳入原行政监察机关所具有的执法监察和效能监察职能，应当在调整的基础上纳入行政廉政监察职能"（江利红，2018）。通过将原行政监察机关所具有的执法监察和效能监察职能交给上级行政机关行使，同时建立监察委员会和上级行政机关的协调衔接机制，既保证监察委员会的"反腐败机关"定位的纯洁性，又发挥行政机关内部监督的优势，使监察委员会整合行政监察职能达到"1 + 1"大于 2 的效果。

## 四　结语

总的来说，透过对《监察法》立法文本评析，《监察法》在立法技术和实质法治两方面确取得明显进步，但更值得关注的是《监察法》实施中亟待解决的疑难问题。国家监察制度改革是一项全新的国家权力制度构造，《监察法》在实践中出现不少问题情有可原，我们应当以务实包容的心态对待，即以法治原则为指导，控制监察权力失控风险，严格规范监察权力的同时，又要在《监察法》基本框架内给予其必要的试错空间，立足监察实践，做到监察立法与监察实践紧密缝合，实现我国反腐败战略目标。

# 参考文献

卞建林，2017，《监察机关办案程序初探》，《法律科学》第 6 期。

陈光中，2017，《关于我国监察体制改革的几点看法》，《环球法律评论》第 2 期。

陈光中、姜丹，2017，《关于〈监察法（草案）〉的八点修改意见》，《比较法研究》第 6 期。

陈光中、兰哲，2018，《监察制度改革的重大成就与完善期待》，《行政法学研究》第 4 期。

陈光中、邵俊，2017，《我国监察体制改革若干问题思考》，《中国法学》第 4 期。

程莹，2015，《惩治与预防：大数据时代的高校腐败犯罪》，《社会科学论坛》第 10 期。

《法律文书大词典》，1991，陕西人民出版社。

付子堂、郭相宏，2018，《宪法发展与深化改革的良性互动》，《法律适用》第 9 期。

韩大元，2017，《论国家监察体制改革中的若干宪法问题》，《法学评论》第 3 期。

胡锦光，2018，《监察立法三问》，《中国经济报告》第 1 期。

江利红，2018，《行政监察职能在监察体制改革中的整合》，《法学》第 3 期

〔德〕卡尔·拉伦茨，2016，《法学方法论》，陈爱娥译，商务印书馆。

刘峰铭，2017，《国家监察体制改革背景下行政监察制度的转型》，《湖北社会科学》第 7 期。

马怀德，2018，《再论国家监察立法的主要问题》，《行政法学研究》第 1 期。

秦前红，2017，《国家监察体制改革宪法设计中的若干问题思考》，《探索》第 6 期。

秦前红，2018a，《〈中华人民共和国监察法〉亟待破解难题》，《人民法治》第 3、4 期合刊。

秦前红，2018b，《国家监察法实施中的一个重大难点：人大代表能否成为监察对象》，《武汉大学学报》第 6 期。

邱房贵，2016，《高校反腐败的现状及对策研究》，《法制与经济》第 3 期。

全海龙，2013，《中科院院士套取科研经费养小三遭妻举报获刑》，《检察日报》1 月 24 日。

任喜荣，2017，《国家机构改革的宪法界限》，《当代法学》第 4 期。

宋伟，2014，《亚太国家和地区廉政治理比较研究——以新加坡、中国香港、美国、韩国为例》，《国外社会科学》第 5 期。

谭世贵，2017，《论对国家监察权的制约和监督》，《政法论丛》第 5 期。

童之伟，2016，《将监察体制改革全程纳入法治轨道之方略》，《法学》第 2 期。

童之伟，2017a，《对监察委员会自身的监督制何以强化》，《法学评论》第 1 期。

童之伟，2017b，《国家监察立法预案仍须着力完善》，《政治与法学》第 10 期。

童之伟，2018，《宪法学研究须重温的常识和规范——从监察体制改革中的一种提法说起》，《法学评论》第 2 期。

汪海燕，2017，《监察制度与〈刑事诉讼法〉的衔接》，《政法论坛》第 6 期。

《院长用学生名义冒领劳务费据为己有》，2011，《京华时报》12 月 27 日。

张晋藩，2018，《中国监察体制改革的历史文化渊源》，《人民法治》第 9 期。

《中华法学大辞典·宪法学卷》，1995，中国检察出版社年。

《中华人民共和国监察法（草案）》说明，新华网，http://www.xinhuanet.com/politics/
　　　2018lh/2018 - 03/14/c_1122532994.htm。

中纪委、国监委法规室，2018a，《〈中华人民共和国监察法〉释义》，中国方正出版社。

中纪委、国监委法规室，2018b，《〈中华人民共和国监察法〉学习问答》，中国方正出版社。

朱福惠，2018，《论检察机关对监察机关职务犯罪调查的制约》，《法学评论》第 3 期。

廉政学研究　第 2 辑

第 179～203 页

© SSAP，2018

# 政商交往中官员失范行为及其规控[*]

陈吉利　黄小君[**]

**摘　要：**官商力量对比构成了官商交往行为策略与方式选择的基本情境。依据官员与商人在互动过程中显现出来的依赖性程度差异将官商互动分成三类基本情境：官强商弱、商强官弱、官商对等，官员在不同情景下通常会对应采取"拉拢型"行为、"同盟型"行为和"操纵型"行为。控制官员官商失范行为，构建"亲""清"的新型政商关系，必须在官商之"清"的底线上，划定良性合作之道，设计激励性措施，保障官商恪守边界的同时，积极促进官商之亲，共推经济社会发展。为此，应当进一步通过国家法律和党内法规规范官商行为界限的基础上，根据官商交往的基本情境和官员行为的内在逻辑，有针对性设计规控措施。

**关键词：**政商关系；失范行为；拉拢型行为；同盟型行为；操纵型行为

---

* 基金项目：2016 年度福建省社科规划一般项目"党内法规与国家法律衔接协调视野下的党内法规审查标准研究"（FJ2016B063）。

** 作者简介：陈吉利，男，博士，福建农林大学公共管理学院讲师，硕士生导师；黄小君，女，行政管理学硕士。

## 一 引言

政商关系内涵丰富，影响重大且深远。党的十八大以来，官商勾结型腐败行为成为全面从严治党下高压反腐的主要对象。控制权力，关键是控制官商权力；规范权力行为，关键是规控官商行为。

一方面，要有效规控官商关系，最根本是要处理好政府与市场关系。正如习近平总书记在 2013 年全国"两会"期间提出："官""商"交往要有道，不能勾肩搭背，要划出公私分明的界限（人民网，2016）。党的十八届三中全会审议并通过《中共中央关于全面深化改革若干重大问题的决议》也指出："经济体制改革是全面深化改革的重点，核心问题是处理好政府与市场的关系，让市场在资源配置中其决定性作用和更好发挥政府作用。"

另一方面，强化对官商之间违法违规行为进行事先、事中和事后全方位、全流程的管控，更是规控政商关系的当务之急。2016 年 3 月 4 日习近平总书记参加全国政协民建、工商联界联组会时，发表《毫不动摇坚持我国基本经济制度　推动各种所有制经济健康发展》讲话，他再次强调构建新型政商关系，要做到"亲"和"清"。既要坦荡真诚同民营企业家接触交往，又要同民营企业家关系清白、纯洁，杜绝权钱交易、以权谋私。党中央用"亲"、"清"为政商关系正名、定位，让"清而又亲、亲中有清"成为官员与商人接触交往的基本原则，为二者交往过程有规可依、有度可量指明方向。

"亲"和"清"二字高度精练，也为我们观察和治理失范政商关系提供新的视角。实际上，现实中失范的政商行为，特别是官员行为，就可以从"亲""清"视角，区分为"该亲不亲""过度亲昵""亲而不清"等样态。更进一步说，这种类型的划分，能够更为直接地反映出政商之间在不同的交往情景和力量对比关系中，官与商采取的相应的行为策略。最具价值的是，若要有效规控失范政商关系，就必须对这些失范行为的产生背景、典型方式进行较为系统的整理和研究。在此基础上，才能有针对性改变政商交往情景。即使无法改变政商交往情景，也应该针对不同情景，分类设计相应的规控措施和手段，从而才能使得官商交往呈现"清而又亲、亲中有清"的良性状态。

不过，就目前相关资料来看，多数研究似乎并没有充分意识这一理论视角和现实问题，或者尽管有所意识但也尚未充分展开相关研究。各级地方党委和政府出台的诸多规范政商关系的具体措施，也失之于宽泛，未能针对具体情形设计类型化管控措施等问题。

在这样的背景下，本文聚焦于政商交往中官员失范行为，尝试通过对典型案例的分析，整理归纳在政商关系不同情境之下，官员与商人交往过程中存在的失范行为，具体分析官员采取不同失范行为策略与影响因素并针对性地提出相应规控措施建议。

## 二 官商互动基本情境：基于力量对比关系

如何刻画官商之间微观力量博弈关系，仍然是非常困难的事情。这种困难不仅来自官商博弈关系因素之多元复杂性，更主要是除体制等相对固化的客观因素外，政策、人格、第三方竞争等因素对官商之间力量关系的影响是变化流动的，这就使得官商之间的力量关系往往是无形的，也是难以固定的。

有鉴于此，本文不得不在一个相对较弱的意义上讨论这个问题。实际上，从社会交换论角度看，官商间互动交往是一个具有不同依赖关系的双方进行交换的过程。在这一过程中，双方的地位受到一系列因素的综合影响，呈现为交换力量的对比状态，最终体现为彼此对对方的需求或期待程度。借用经济学的术语，双方互为卖方和买方，当本方对对方的需求或期待超过对方对本方的需求或期待程度时，则本方处于相对弱势地位，反之，则处于相对强势地位。这种地位差异，显然影响各自交换策略与方式的选择。基于此，本文以官员对商人的期待程度和商人对官员行为需求程度为评价标准，纵向观察官商互动中官员与商人地位差别，从官员角度出发将官商互动分为以下情境。

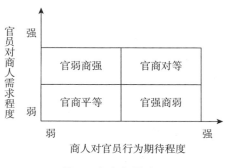

**图 1 官商力量对比**

## （一）官弱商强

"官弱商强"指"官员对商人的需求程度大于商人对官员行为期待程度"情境，此时，官商处于非对等性关系中，商人的行为选择在官商互动结果中起到较大的决定作用，官员基于压力型体制下的晋升需求，或为了在"招商引资"背景下完成上级分配的任务配额，或为满足个人私欲，往往更为主动地与商人接触，以期获得满意的互动结果。此种行为下催生出"拉拢型"官员行为模式。

## （二）官商对等

"官商对等"是指官员对商人的需求与商人对官员行为期待程度相当。两者之间呈现对称性依赖关系，"官"和"商"对市场、人才、资源、技术、政策等交换因素的选择决定权接近于对等状态，在一定行为界限范围内这种共生性互依状态有利于构建良性的官商合作局面，但也不排除会催生"官商勾结"与"官商合谋"问题。此种情境产生的失范官员行为在本文中称之为"同盟型"官员行为模式。

### (三) 官强商弱

"官强商弱"是指在官商交流过程中，商人对官员行为期待程度大于官员对商人的需求程度，呈现出官员行为影响因素高于商人的非对等性状态，进而诱导产生"操纵型"官员行为模式。官员行为选择在官商互动结果中起主要决定作用，商人处于被动、从属地位。在这种情境下，商人为了实现自身利益需求通常会选择多渠道主动接触领导官员；而就官员行为层面来看，官员或为了追求自身利益或为了"地方保护"往往会严格执行政府政策，对商人的需求设置严格关卡，侧面增加企业的交易成本，这类行为对企业发展产生损害或负面效应的可能性较强。

### (四) 弱交集的均衡关系

"弱交集的均衡关系"表示官员与商人虽然势均力敌，但彼此互不期待，政治由官员运作，而经济发展则完全由市场主导，彼此几乎不发生交集。此时，双方缺乏相互依赖、相互交换的基础，发生互动交往的可能性也非常小。在当下政府与市场合作的现代市场经济体制下，这种情况自然是极少发生，且鉴于研究目的，对这种情况，本文将暂时不做深度分析。[①]

## 三 官弱商强情景下"拉拢型"官员失范行为

官员"拉拢型"失范行为，是指在商强官弱的基本情境里，官员积极、主动接触、拉拢企业家，甚至不惜甘冒违法违规风险，寻求对方资源和支持的行为策略。

"拉拢型"失范官员行为产生的背景原因多种多样，具体可分为宏

---

[①] 影响官商基本情景的因素，包括区域发展禀赋与发展实力，治理体制、机制与能力，企业性质、实力和发展前景，政策趋向和实施压力，官员行为规范程度，官员与商人素质，第三方竞争压力等，限于篇幅，本文不做展开。

观体制环境因素与微观地区经济和企业发展差异因素。在"发展是最大的政治"这一总体战略之下，政府和官员成为经济发展的重要甚至是关键推动力量。这种强烈的发展主义意识形态，催生出与官员日常工作紧密联系的"压力型体制"，进而衍生地方政府间的"政治锦标赛模式"（周黎安，2007；万君，2014），以及党政工作中推行的"目标管理责任制"等，"官员需要商人"变得更为强烈，使得官商力量关系发生变化，进而诱致"拉拢式"官员行为。在这一制度性背景下，那些基础设施建设一般，或者人才、资源等区位条件不突出，地区经济发展条件普通的地区，企业投资规模较大，企业投资项目与地区产业规划契合度高、企业项目内容符合国家产业要求，会使得官商力量的天平更倾向于商人。

总结现有案例，官员"拉拢型"失范行为大致可以分成三类："特惠式"行政服务、"拉关系"搭建人际网络和"包庇式"政务处理。官员通常会采取多种方式，这取决官商之间的力量博弈关系。

## （一）"特惠式"行政服务

"特惠式"行政服务大致有以下三种具体方式。

### 1. 为企业提供行政审批中的"特权"

现实中，政府给予企业的行政审批特权比较多的方式是省略法定审批环节而直接给予许可，或默认、纵容、包庇企业未批先建行为。例如，2010 年 6 月，青海省海南州兴海县政府在青海黄河上游水电开发有限责任公司未取得电站环境影响评价报告书和项目核准相关文件的情况下，时任兴海县副县长哇多同意该公司进行主体工程建设，且未安排主管部门对羊曲水电站项目审批资料进行查阅审核，导致该项目未批先建长达 7 年之久（澎湃新闻，2017）。

行政审批特权不仅破坏法定的审批程序，更关键的是企业通过审批特权往往绕过其中的关键程序，如环境评估、社会风险评估等程序，这潜伏着巨大的生态风险和社会风险，对公众权益存在极大隐患。

## 2. 给予超标税收特惠

企业缴纳税收的多少与经济利润直接挂钩，所以政府官员在刺激招商引资或鼓励本地企业发展时通常会在不违反国家法律的基础上开出一定的税收优惠政策，以推进经济运行。但另一部分官员在与企业沟通中为了拉拢项目、讨好商人，选择突破权力行使范围，给予其超出权限的税收减免特惠，以达到实现政绩的目的。在统一实施两税合一（指内外资企业所得税率统一）大背景下，原南京市长季建业认为该政策会影响台商对南京市的投资环境建设，为了吸引外资，防止对现有投资环境的破坏，季建业执意违背国家政策要求，主动和与其熟络的台商提出不会实际进行两税统一政策，并要求下属政府职员不要去查企业税收账目，美其名曰"让企业好好经营下去"（新华网，2015）。

## 3. 违规发放信贷资金

政府官员在招商引资压力下，会出现容忍企业的资金问题的情况，一些官员甚至滥用职权为商人做担保或直接要求当地银行等信贷机构为企业发放贷款以实现资金融通。一旦企业生产或资金链出现问题，所涉及的资金项目问题也岌岌可危。例如，云南楚雄州原州长杨红卫在上任初期为了打造滇中经济新的增长极，面对当地信贷压缩、财政资金紧张的财政环境下亲自建立地方融资平台（楚雄开发投资有限公司），为来投资的"世界恐龙项目"和"云南德胜钢铁公司技改项目"提供资金支持渠道（财经网，2012）。更有甚者，在明知商人存在资金缺乏的情况下，主动发出邀请并全力解决资金难题，如浙江省舟山市农林局原局长孙旭军在知晓宁海人叶某想来舟山投资河豚养殖项目但缺乏资金时自愿提出贷款优惠，并许诺诸如环保、土地等方面的政策红利。孙旭军在主持协调项目贷款的过程中超越政府权限，违反法律规定指令县盐业公司为养殖公司贷款提供担保。借款到期后孙旭军又包庇叶某将其耽误的债务转嫁给县盐业公司为贷款续贷继续担保（正义网，2016），直到养殖公司倒闭原由县盐业公司担保的贷款由岱山县贷促会负责赔偿，由此造成国有资产损失400万元，产生了严重的社会影响。

综合看来，特惠式行政服务通常是官员积极主动利用手中的权力和资源为企业违法违规行为提供"政策出口"或提供"保护伞"，为商人提供众多超越法律法规之外的资金、政策方面优惠与便利，被官员庇护的企业利用特殊政策与优惠获得额外收益。该类行为破坏公平有序的市场竞争秩序，催生、纵容部分企业的违规违法行为，并影响到社会总体产能平衡与产业结构优化。

### （二）"拉关系"搭建人际网络

"关系"之于官员，特别是在官商关系中，具有非常突出的意义。当下，各级地方政府官员都处于上级部门工作指标压力、同级官员资源竞争压力以及不同地区政府之间招商竞争压力之下，再加上政策和权力资源的同质化，官员若想获得企业"青睐"，就不得不在公共资源和权力之外，运用"人情法则"与"关系艺术"，来吸引商人对自己所属地区的资金投资，这是官员热衷于拉关系搭建人际网络的动力。

对于官员干部如何拉关系的探究途径多种多样，有人曾提出用"归属性特征"与框架，作为两种基本标准，对关系网络建立过程进行衡量，也有通过"关系认同度"去探究行为主体之间关系建立过程（翟学伟，2012；周建国，2005）。本文通过对相关案例的分析，从官员行为态度、行为方式、行为动机等角度，归纳出以下官员谋求与商人建立关系的主要方式。

### 1. 低姿态主动迎合

官员干部为提高政绩需要采取主动迎合、支持商人，在方式上主要包括"以情动人"的情感攻势与"超标招待"。官员放低姿态，主动接触商人。以"热情""真诚"打动商人，让他们感受到来自自身的良好关怀，为建立牢固的关系网络打下基础，进而获得情感性的反馈。政府官员运用情感机制建立和维系官商良好关系本身无可厚非。但一些官员过低的降低姿态以谋求获得商人青睐，则不免有失政府之权威和官员之尊严，并使得政府与企业的关系，转变为浓厚的私人关系。如南京市原市长季建业在 1996 年至 2001 年主政昆山时，就有人评价他在与外商打交道时因"能为台商端洗脚水的姿态而在台湾政商两界广结善缘"，这种低姿态行为方式也的确为季建业带来了很多的好处，季建业在昆山时期来昆山投资的台商人数与投资规模大幅攀升，台湾"21 世纪基金会"董事长高育仁甚至明确提出"去昆山投资就是为了季建业"（新华网，2015）。

"招待"也是官员向对方展示诚意极为关键的方式，重要官员是否到场、陪酒官员的级别与酒量、酒店酒菜档次质量都是考验官员诚意的重要方面，促使"超标招待"成为不二选择，甚至官员以"野味""私人会所"等方式寻求招待的"深层突破"。例如欧阳静在研究桔镇的招商工作中发现，该镇领导干部中专门有一位成员负责招商服务工作，一旦外商入驻，这位成员不仅要为其安排吃、住、行等个人生活方面的服务与照顾，美其名曰"让外商有宾至如归的美好感觉"，还要主动为企业和个人办理证件、执照等，甚至企业招工用工的安排也一并由官员负责，事无巨细一律由官员从头负责到尾（欧阳静，2011），其行为内容远远超出正常的公务员的工作范围。

### 2. 通过"中间人"接触

在社会交往过程中，个人通常以自己为起点构建与发展关系网络，这样的网络关系存在一定的范围界限，这使得一些资源拥有者与资源需求者因没有共同关系基础而无法存在于同一关系网中。此时资源需求者为了实现获取资源的目的就会想方设法找到与自己和对应资源支配者都有联系的中间人，通过中间人的运作与资源拥有者搭上关系，再进一步将自己、中间人、资源需求者三方构建在新的社会关系网络中，以实现自己对资源的追求目的。

因此，对"中间人"的管理和服务就成为官员的重要功课。刘晓峰对山东一乡镇干部招商引资方式的研究中描述到：该乡镇大多引来的资金与项目都依托干部的私人社会关系网络，乡镇干部十分重视关系资源，通常每年都会统计管辖地区中本人或亲属有"发展比较好的"人士，并在重要的节日亲自到他们的亲属家里进行"走访活动"，以促进和维持与他们之间关系的建立。他在对当地产业项目落实情况分析中发现这种方式确实为当地带来不少重要项目（刘晓峰，2012），如该镇山区丘陵水利设施改造工程项目和农机生产基地项目正是通过"中间人"引进。此类行为过程中"发展比较好"的人士的亲属就属于"中间人"角色范畴，官员通过利用第三方手中的关系直接或间接触及资本拥有者的方式，将其纳入自行构建的关系网络并形成"关系认同"，为实现资本流入打下基础。

### （三）"包庇式"政务处理

部分官员为了完成行政指标任务，迎合商人的投资需求，或出于实现个人"灰色"经济创收的愿望，对企业的违规违法行为"睁一只眼闭一只眼"，"形式化"企业的正常监督检查工作，或主动对商人的违法经济活动进行事后行政补救，且不给予对称性行政处罚。

产生"包庇式"政务处理的动因主要来源于政府官员对于政绩数字的追求，或为了完成上级分配的任务额度，不惜引进众多"两高一资"（即高污染、高耗能、资源型）企业，当这些企业的运作无法达到空气、水、噪声等污染环境监测指标以及劳动条件时，官员就会运用各种办法实现对企业的包庇保护，以确保企业的正常运行。有些地方政府在招商引资过程中实行"谁引进谁负责、原则全程服务"或"谁引进，谁受益"原则，这同样加剧了官员与商人成为休戚相关的利益体，容易诱导官员选择帮助商人逃避相关政策处罚，进而引发包庇式行为。

从现实看，包庇式政务处理方式主要有以下几种。

#### 1. 以隐瞒、袒护手段进行企业监管

为贯彻落实国家安全生产方针政策，地方政府官员有义务担负起监督本地区企业安全生产责任。但是，一些地区的政府官员为达到增加税收，保护企业生产不被中断的目的而选择与当地商人结成不正常的包庇关系，在明知企业有安全方面等隐患的情况下采取袒护、隐瞒手段。譬

如2014年8月爆发的"昆山爆炸事件"，台资企业中荣金属制品有限公司（"中荣金属"）在爆炸之前曾被群众多次举报，但是当地政府官员为了让该公司继续运行生产而选择未对该厂进行停业整顿，该公司的扩建项目甚至获得"环评批复""清洁生产审核"。事故发生后，国务院调查组指出的引发事故的几个技术原因，比如厂房未按规定设计建设、工艺路线过紧过密等，都是内行人一眼就可以看出来的问题，但当地官员之前的检查却是走走过场，没将安全监管职责落实到位，即使发现有问题也并未采取具体整改措施，采取纵容态度让工厂持续在危险的状态下生产（王克，2014）。

对企业与商人的袒护手段不仅包括帮助隐瞒、包庇安全问题，甚至包括限制政府监管部门工作人员的工作权限。例如昆山市政府官员曾提出制定"安静生产日"，在"安静生产日"期间行政监察人员禁止对企业进行监管，政府专门划定"保护时段"不让执法机关"破坏发展环境"。江西抚州部分区县实施引进企业挂点当地主要领导政策，相关部门的检查监管工作都需事先得到挂点领导的同意。这些做法固然存在着减少无谓监管的目的，但也为正常监管设置了超越法律法规的行政阻力，且存在着监管对象的选择性和监管力度的区别对待，具有偏袒偏护的性质。

### 2. 失范行使惩处权力

在我国的行政处罚权行使中，依旧存在一些官员因种种原因与考虑，在发现企业有违规违法行为后，没能合理使用法律赋予的行政处罚权。此种行为具体体现为：①对企业违法行为进行包庇处理，直接免去相关责任人的法律责任；②"罚"不当"罪"，政府官员的确对企业与商人的违法行为做出惩处决定，但惩戒强度与违法违规行为过错不对称，呈现惩罚力度过轻等现象。比如2014年曝光的"腾格里沙漠排污事件"[①] 中，早先当地政府官员已收到群众举报，政府官员最初只是进

---

[①] 2014年曝光的内蒙古腾格里沙漠排污事件，当地政府官员长期违规容许甘肃武荣华工贸有限公司等八家国家明令关停的污染企业向腾格里沙漠腹地违法排放污水，直到中央媒体曝光，内蒙古自治区政府才组织进行调查惩处，并追责14名干部（新华网，2015b）。

行排水污染考察但仅对涉事企业相关人进行书面警告，并未做出实质性惩戒措施。这些行为严重损害了社会发展公平性秩序，为企业日后发展埋下隐患，也在较大程度上破坏行政权力权威公信。

## 四 官商对等情景下"同盟型"官员失范行为

学界通常用"政企合谋"刻画失范型的政商合作关系，如聂辉华和李金波（2006）将政企合谋（local government firm collusion）总结为地方政府纵容、袒护企业选择"坏的"生产方式实现本地经济发展指标以完成政绩的一类现象（聂辉华、蒋敏杰，2011）。但本文对部分政企合谋案例的研究中发现，处于政企合谋中的官员与商人除了一般性的合谋之外，有时还形成了比较稳定的团体团伙。这种情况多发生官员与商人经过较长时期的合作，难以区分各自博弈力量，或者彼此期待程度相当，两者形成较为固定的对称性依赖关系。本文将官员维护官商同盟的行为统称为官员"同盟型"行为。

官员"同盟型"行为的形成既与"圈子文化"密切相关，在多数具体场合也是官员在特定情境下的行为策略。官员实现权力变现、达至仕途通畅，需要与商人有着稳定且长期的互动关系，防止资本力量断层。商人也需要与官员保持接触，才能有更多机会获得排他性的商业机会与运营捷径，为实现资本高效运行持续提供源源动力。面对波诡云谲的官场与商场变化，官员与商人结合并达成长期同盟关系，形成互相依赖与保护、利益共享、风险共担的紧密关系群体，不失为实现双方稳定互惠的最佳方式。

总结案例，我们大致可以发现在官商对等情景下，"同盟型"官员行为包括以下类型。

### （一）建立并维持"身份性合作关系"

现实中，官商之间从初期的"交朋友"到"称兄道弟"，往往还会通过联姻与"认亲"等方式，建立拟制血缘的身份关系；或者通过其他合法形式，建立像公司之类的组织，形成如股东经理之类的正式组织身份关系。本文将此类官员与商人建立的具有固定的"身份"属性的关系概括为"身份性合作关系"。

官员建立并维持"身份性合作关系"，主要通过两种方式。

一种是建立拟制血缘类身份关系。血缘关系是由婚姻或生育而产生的人际关系，它是人与生俱来的社会关系。拟制血缘是指本来没有血缘关系，或没有直接血缘关系，人为通过法律或社会规范，通过联姻、继拜子女、结成师徒、拜把兄弟、干姐妹等方式，彼此结成具有与血亲相同，甚至更深的亲属关系。官员与商人通过结成拟制血缘类身份关系，为本来的利益同盟关系提供或是强化深厚情感基础与伦法约束。

另一种重要的方式是官员以各种面目与身份，或通过近亲属，建立与参与公司企业，并担任固定角色。最常见的有，以参股形式入伙，如原国家发改委副主任刘铁男与商人孙勇根结成同盟关系，虽然刘铁男本人并没有孙勇根所属公司的股份，但其妻子和儿子在孙勇根分管领域的关联公司里持有大量股份（郭芳，2014）；以企业"顾问"形式被邀请加入管理企业运行，构建经济共同体，诱导官员产生利益归属感，并愿意利用职权谋取企业发展，如江苏省淮安市原环保局局长张汝华在本职之外担任淮安一酒业公司顾问利用他局长的影响和人脉推销产品（新华日报，2013）。

当官员与商人利益捆绑于一体时，商人就有机会以经济利益左右官员行政选择倾向，进而获得不当经济得利。在官员同意并接受商人的金钱财物时，实际已成为商人的政治代言人，承担为他们所属利益集团进行利益输送的责任。

（二）融入"圈子"，共享资源

就"圈子"的本义来说，是指拥有相同或相似喜好、趣味、经历或愿望的人聚集在一起组成的非正式团体（翟学伟，2011）。政府官员基于前述身份关系建立的官商关系，也可视为某种"圈子"。不过"圈子"成员往往不固定且范围更广，圈子成员虽然也会形成一定的关系，但显然不具备正式的、固定的伦理或法律意义。

"圈子"最重要的意义就在于它是各种稀缺信息、人脉等资源的汇聚之地，这对官员无疑是极为重要的。因为接触、加入各种"圈子"当中，特别是包含官员与商人的"圈子"，可以依托权力和资源，吸引众多有相同意志的成员，成员之间进而利益相互勾连、互帮互助，相互庇护，形成进退一体、俱荣俱损的帮派或团伙。

原本作为普通群体现象的圈子，有了公共权力与资本的加持，使得"圈子"成为非同寻常的利益团体。在"圈子"内，通过利益和权力纽带，圈子成员抱团取暖，编制利益联盟；在"圈子"外，圈子成员想方设法去拉各种关系，将触角延伸到很多领域拉关系、找门路，以捞取更多的小团体利益、挤占更多的他人或公共利益为目的。

## 五 "官强商弱"情景下"操纵型"官员失范行为

"操纵型"官员行为指掌握行政权力的官员，在"官强商弱"的政商情境中利用其政治、政策或资源优势地位，影响、制约甚至决定商人行为或利益以谋求特定目的的各类行为。

从权力属性而言，权力天生就具有操控的本性，特别是当官员手中掌握内部信息、重要事项决定权，内在地刺激着官员利用权力迫使商人上交"利益"来换取项目建设与市场配额。特别是当官员所在区域发展环境有较明显优势，而企业的发展离不开当地资源、政策等要素的有效支持的时候，"操纵型"官员行为往往变得更为突出。另一个值得重视的现象是，在中央严厉整肃党风政纪、高压反腐的背景下，相当一部分官员奉行"少做事，不出事"的理念，以达到减少所谓的腐败风险、实现自我保护的目的，实际上成为一种消极意义上的操控行为。

总结案例，我们大致可以发现在"官强商弱"情景下，"操纵型"官员行为包括以下类型。

## （一）弱化官商交流

官员与商人之间良好的沟通交流对经济社会发展和市场信息互动至关重要。但在日常行政生活中，一些官员会因为各种各样原因或顾虑而选择弱化与商人的接触，要么对商人表达的诉求全盘应承下来却不做出任何反应，在诉求内容涉及多个政府行为主体时各相互推诿扯皮，不与实办；要么直接将商人拒之门外，不与其进行互动交流，或者以搁置处理的方式向商人收取好处费等。

激发此类行为产生的原因存在多个方面，从官员主观根源与动机角度出发，"不愿为"与"不敢为"是主要原因。部分官员因仕途发展受限、晋升无望而行为懒散，占位而"无为"；有些官员"胆小怕事"，认为但凡做出行为决定都要承担风险，为明哲保身而故步自封，对商人请求既不表态也不采取措施，日常仅仅做些表面工作，不求实效；还有则是在党中央高压反腐阵线的压力下部分官员怕人诟病而急于与商人撇清关系，主动弱化与商人的正常交流，压制商人利益需求途径。

从制度环境等客观角度看，官员权责模糊也是诱发官员弱化官商交流的重要原因。官员权责分配不清、职能标准不清属于政府管理中较为普遍的问题，突出体现为职能在岗位、部门、区域之间的界限交叉不明，同时弹性职责的大量存在让官员拥有裁量和变通政策内容的权力，使得官员在处理商人事务时将交叉职能转嫁给他人，并能借由执行裁量引发不作为、乱作为等行为。

弱化官商交流具体方式也有众多体现。首先，最为常见的是，官员敷衍塞责，拖延不作为。福建省平潭综合实验区土地储备中心官员在为某公司办理土地置换手续时服务不到位、慢作为，早在 2013 年 1 月就已确认置换林地面积，但直至 2016 年 4 月才向林业部门申请林地预审，到 2016 年 10 月才完成土地置换手续，前后共耗时 3 年 10 个月（龚洋浩、唐轶康、马志强，2017）。这类官员的拖沓不负责行为直接影响公司与企业的正常运营，同时也损害了政府部门形象，将两者之间的亲和距离越拉越远。

其次，外部问题仅作内部化处理，放任违法行为滋长。最为典型的即"童名谦现象"。童名谦是十八大后首个因"玩忽职守"罪被判刑的省部级高官，在 1997 年至 2007 年间湖南湘西地区民间非法集资现象甚嚣尘上，时任州委一把手的童名谦为避免卷入其中，在发现问题后对"是否查办"非法集资问题上畏首畏尾，为避免与商人进行利益交涉，只是出台一些内部控制风险的文件，企图引导集资企业逐步降低利息以实现软着陆，然而隐患并未有效解决，随着国际金融危机的到来，湘西民间集资被国家有关部门查办，湘西州委常委滕万翠等数名官员受到了相应处分，但童名谦却很好地躲避了问题，并未被非法集资所裹挟。5年后，衡阳地区滋生多年的人大贿选问题再次上演，由于花钱当了人大代表后商人在融资贷款、申报项目、纳税上容易享受优待，企业经营中工商、公安部门的查办工作也会有所忌惮，因"投资"贿选短期回报率极高，使得一些商人十分热衷于贿选。时任地区领导的童名谦在面对正义的商人反映贿选问题的情形下为了不得罪大多数人，同时为了让自己顺利当省政协副主席，在贿选面前选择睁一只眼闭一只眼，不但没有认真追查反而做出批示要求将钱款予以退还落选的代表候选人，以求息事宁人（金孵、碧玉，2014）。

再者，官员躲避决策风险。政商关系绝非单纯之政商二者关系，实际上政商关系常常要牵涉到诸如当地就业保障、企业公平竞争权利，特别是企业环境问题，更会引发广泛而连锁的反应。这一系列复杂因素常常导致政商交往伴随着难以控制的风险。在这样的决策环境里，官员只要有机会、有权力能够躲避相关决策，就往往会想方设法躲避决策或者把决策风险转移。但显然，在官员的不作为影响企业合法运营的同时，也损害政府部门形象，将两者之间的距离越拉越远。

（二）私利驱动权力变现

权力变现即为权力寻租，是公权拥有者以手中的权力作为筹码谋求获取自身经济利益的非生产性行为活动。此时，权力的性质被异化为类似土地、产权、资源等物质货币，并通过权物交易、权钱交易等形式放置于消费和财富增值环节，以获得金钱与物质财富。

官员在与商人接触中进行权力变现的方式变化多端，在这里总结为三种主要类型，一是主动向与其熟络的商人索要金钱财物，此类互动内容较为单纯，仅仅是商人单方面将金钱交付给官员，但并未附带要求官员短期内为商人谋取经济利益。二是以敲诈等违法形式进行权力变现，通常体现为官员将自己私人牟利想法转为现实操作通过与其有亲密接触的商人进行勾结，操纵手中权力合伙敲诈第三人以从中谋取非法财物，或者官员个人以不正当手段，利用商人对自己职位权力的信任，骗取商人信任，进而实施经济诈骗行为。三是推崇"办事送钱、送钱办事"规则。在多数案例中，官员权力变现体现为较为直接的"办事送钱、送钱办事"的潜规则，或者是先送钱，后办事。

（三）单方面政策限制

官员单方面限制措施集中体现为政策内容附加与政策执行敷衍。就政策内容附加而言，存在于地方政府官员为了本地区局部利益，在对特定对象的政策制定中打着结合地方实际的幌子在原有的政策内容基础上刻意添加新的要求与条件，以达到做好本地企业的"保护伞"、限制异地资金参与当地经济发展的目的。例如江西吉安地区设置的招标投标政策指南中对于外市企业来吉安市招标就明确规定了企业参加项目管理的建造师、技术、质量人员等总人数的标准比，要求市外施工企业一级企业每个月15号、30号诚信手册所要求的建造师、技术、质量、安全、经济管理人员不少于20人去招商局按指纹，否则没收诚信手册，不得参与吉安市工程的投标，而对于吉安本地公司却没有这样的限制。当地政府官员在制定政策规定时，特意对外地企业做出过多无意义的规定，抬高外地企业竞争门槛，增加企业负担，其目的就是为了保护吉安本地企业畅通发展，限制外来企业资金流入。

政策执行敷衍是指行政官员在执行有关企业发展方面的政策过程中，或是部分性执行，政策并没有被官员全面完整地执行，或者象征性执行，在落实政策过程中仅做表面文章和形象工程，没能深入实际落实具体的可操作方案，体现为弄虚作假型的政策敷衍。或是行政官员在执行政策时推诿搪塞，敷衍了事，甚至将政策束之高阁并以欺骗的手段应付商人，不为其发展提供必要的财力物力资源，体现为搁置型政策敷衍。或是在有关企业发展方面的政策执行时扭曲原有政策内容，附加新的不利于企业发展的条款，以从中谋取私利，体现为扭曲型政策敷衍。然而无论是哪一种特征的政策敷衍其本质都是添加地方或个人的利益因素于其中，人为增长了政府政策实施的结果随意性，不仅影响政策实施效果与后继政策制定安排，同时将企业放置于不稳定的政策执行环境中也会损害商人的发展利益，进而恶化官商关系，不利官商互动交流。

## 六 政商关系中官员失范行为规控路径与措施

### （一） 政商关系中官员失范行为规控路径思考

长久以来，政商之间已经形成相互合作、相互倚重的格局。作为一个发展中国家，政与商之间的密切合作仍然是经济社会等发展的重要支撑。因此，妥善处理政商关系不能走向完全切割二者联系的极端，依然需要保持官与商之间的某种程度的"亲密"关系。一些观点从党和政府的宗旨、权力的公共性出发，认为应该时刻警惕官商之间的"亲"，防范两者逾越界限，以保持二者之"清"。在这样的思路上，对官员失范行为的规控就形成了"以清制亲"的治理路径：划定官商行为合法合理的边界，并借助监管机制和机构予以检查督促。

但是，现实情况常常是官商之间要"亲"，就需要可能突破"清"的界限，有时甚至"不清"才能"真亲"，这使得"清"的实现困难重重。同时，对"清"的高压追求和实现，常常形成足够强大的威慑力量，使得"该亲而不敢亲"。

在这个问题上，习近平同志构建"亲""清"的新型政商关系所包含的规控思路具有非常重要的指导意义。早在主政浙江时他就指出，各级领导干部要支持民营企业发展，要亲商、富商、安商。其后，在《毫不动摇坚持我国基本经济制度 推动各种所有制经济健康发展》讲话中，习近平总书记明确指出构建"亲""清"的新型政商关系，他强调政府一方面需要着实做好与企业的沟通交流，积极落实政务服务工作，在实现有效"亲"商的基础上还要以法律法规、党纪政纪为准绳规范自身行为，不越界、不谋私、不滥用职权，做到"大贤秉高鉴，公烛无私光"。本文认为"亲""清"的新型政商关系实际上包含三个核心观点：一是要官商要亲，二是亲之有道，三是要亲必须清。所谓官商要亲，就是官与商之亲有现实必要性，官与商要保持良好的互动与合作；所谓亲之有道，习近平同志在讲话中多个场合非常详细地阐述官商之间如何进行合作，如何促进合作，讲的就是官商之间形成和保持正常良好的合作关系的方法方式；所谓亲必须清，指官商关系不能突破国法党纪的底线，不能违背党和公共权力的宗旨和责任。这表明，当前政商关系之处理，清是底线，但并非单纯求"清"，更重要的目的应该是促进官商之亲、共推经济社会发展。

如果从这个角度去思考规范官商关系，特别是规控官员失范行为的路径，本文提出以下的治理思路。

第一，必须坚持"清"是官商关系的底线。官商之亲应该是在不侵害彼此合法权益、不危及公共利益的前提下展开。越过这个红线，无论官商之间如何合作，产生什么样的合作红利，都属于违法违纪的范畴，须受到党规国法的严肃惩戒。因此，必须明确清楚划定政商交往合法与违法的边界，建立健全监督监察机构和机制。

第二，设计激励性措施，积极促进官商之亲。当前官商之间合作有其现实必要性。因此，应该采取一定的措施鼓励彼此间的合作。这种激励性措施必须考虑到官商之现实需要并具有一定灵活性和策略性。

第三，为官商之亲划定良性合作之道。官商之亲不但应恪守清的底线，更要亲之有道。亲若无道不但容易滑向"不清"的危险境地，更会导致社会低效甚至无效的官商关系。

这三点中，第一点是规范所有政商关系特别是规控官员行为的基础，应当进一步通过制定国家法律和党内法规加以明确。在落实到更为具体的官商交往中官员失范行为的规控措施上时，需要根据官商交往的情境和官员行为的内在逻辑展开针对性设计。必须指出的是，本文对策分析和全文一样，都是初步的，且针对各类行为所涉及的主要问题。

### （二）官员"拉拢型"行为规控措施

如前所述，"拉拢型"官员行为存在两大特点，一是过亲，二是亲而不清。为此，根据前面思路，本文认为应该重点针对"过亲"针对性设计规控措施。

第一，适当减压，调整政府官员工作绩效评估方法。

在转型中国情境下，发展经济、提高经济水平成为政府官员必不可少的工作任务，压力型体制下的政治锦标赛模式更是让绩效数字（如GDP）成为考核官员工作的重要衡量指标，让官员在与商人互动过程中极易因拉拢企业入驻本地而做出失范举措。为规避此类现象的发生，需要对政府官员的工作绩效评估考核制度进行科学合理设计。

首先，降低绩效数字在官员考核工作中影响力度。在政府官员业绩考核工作中，绩效数字作为能够科学计算出的显性衡量指标的确具有较大的测量功效，但官员的工作核心不仅包括拉入投资、发展经济，更要做的是为人民服务，提高整个社会的幸福感，而这些并不是依靠经济指标就能够体现出来的。所以降低对官员绩效数字的要求是调整政府官员工作评估方法首先要解决的问题。

其次，考核抽象内容具体化。目前我国一些地方官员工作考核内容中存在较多抽象化指标，在实际考核过程中很难细化为检验模块，阻碍绩效考评工作的优化进行，为此需要重新核定工作考核标准，去除抽象考察内容，用具体的、较易量化处理的标准作为代替，特别是将生态文明建设、可持续发展、社会创新等纳入重点考评项目，避免官员因考核压力丢失权力行使初衷，从源头上减少官员为多出 GDP、快出 GDP 而产生的失范行为。

第二，优化公权力运行，规范"拉拢行为"。

"拉拢行为"不仅有其客观背景，也有一定的正面意义。因此可以适当鼓励并为适度的"拉拢行为"提供必要的手段和程序。

首先，进一步完善政府权力清单制度。特别清理出官商交往中权力清单，梳理政府与政府官员开展政商交往活动，哪些可以凭借或利用的合法合规的手段、措施，明确各种手段和措施的运用目的、适用范围、适用条件和运用程序。

其次，优化政商交往行为程序，既要全方位、多渠道开展多种形式的政商交往活动，又要确保政商交往过程透明公开。在不损害商业秘密或国家利益的基础上，可适当照顾企业的实际需要，但应做好相关资料的记录和保存。

最后，优化惠商政策的决策过程。对特定企业进行惠商政策或措施时，若关系到多方利益，应由政府主要负责人集体讨论，咨询利益相关的社会群体的意见。在最后形成的决定报告中，应该写明惠商政策的目的、限度，进行合理性论证。做好该项惠商政策的合法性审查工作，确保惠商政策决策过程公开透明。

（三）官员"同盟型"行为规控措施

"同盟型"官员失范行为重点在于官商之间形成了长期稳定的固定关系，并利用这种关系实现权力与资本的相互利用。在现实中，这种官商之间的固定关系或者圈子，尽管不能完全否定其积极面，但更主要的是其消极的社会效应。要治理"同盟型"官员失范行为，本文认为着力点在于：一是管控官商身份关系或圈子关系的建立；二是防范官商身份关系或圈子关系之于公权力的实际影响。

第一，严格落实特殊身份关系的管控制度。

血缘或拟制血缘关系，既是人之常情也是合法的关系。但是官商间存在血缘或拟制血缘关系，从权力控制的角度来看，应当由官员向有关机关及时进行报备。困难的是部分社会意义上的拟制关系怎么界定？如所谓的把兄弟是否也应该纳入？本文认为从全面从严治党的角度看，凡是具有相对固定关系、可能导致公权力变异的各种社会关系都应该纳入报备当中。应该禁止官员及其配偶和直系亲属与企业发生的非组织型的固定关系，官员其他亲属存在这种关系的，应该报备。

在相关决策过程中，凡是存在这种固定的身份关系的官员应该一律回避，并严格禁止通过各种方式施加影响。

第二，高度警惕"圈子"，加大官商合谋机会成本。

"圈子"等非正式组织对组织成员常常具有超越正式组织的控制力。因此，若发现官员涉足某官商圈子的应该立即对其进行诫勉谈话；对于官员利用公权谋取利益或维护圈子利益时应予以严肃惩处，必要时调离原岗位，甚至清退出公职人员队伍。

同时，建立圈子和工商企业的内部"黑名单"制度。将与官员存在权利合谋、同盟等关系的商人纳入其中，并在法律允许范围内限制这部分企业与政府的合作机会。

第三，树立规范有序的官商互动机制。

首先，政府对企业应持开放态度，要做到一视同仁，防止"以邻为壑、亲疏有别"现象。对于管辖范围内任何一家企业都要坦诚相待，对于所有企业反映的问题、表达的需求都放在同一平台上加以处理与服务。

其次，畅通官员与商人沟通机制，筑造有效沟通平台、搭建灵活丰富的沟通形式，拓宽多类型官商沟通方式，提高信息交流能效，让商人能与政府有效互动。

最后，透明官商互动交流过程，政府要公开办事制度与程序，让政府官员与所有企业都能在阳光下清清白白交流互动，政府公开办事制度与透明程序能够有效阻止滥用权力、以权谋私等情况发生。

### （四）官员"操纵型"行为规控措施

"操纵型"官员行为重点是官员利用其优势地位，主导官商交往，损害企业正当利益。因此，规控该类官员行为，重点有两方面：一是如何防止官员优势地位转换为具有消极作用的主导力量，二是如何积极引导官员将这种优势关系转换为积极作用的主动作用。为此，本文提出如下建议。

第一，规范对官员不作为、乱作为的监督与惩处。

"操纵型"官员失范行为主要是利用优势地位不作为、乱作为。为此，需要通过制度和机制强化对官员不作为、乱作为等失范行为的监督与惩处。

进一步明确官员职权。借助当前权力清单、责任清单等制度全面明确官员在政商关系中的权、责、利；通过制定履责程序，明确官员行为的时限、步骤、方式；通过明确履责规范，确定官员行为应达到的任务及其完成具体标准；同时建立官商互动"顾客"机制，将商人看作"顾客"，完善"顾客"评价标准和评价机制。

落实官员不作为、乱作为的惩处机制。严格按照有关法律制度规定，严厉处置不作为、乱作为行为，实现用法律威慑官员失范行为的规控作用，确保官员积极合理用权，真正实现为人民服务。

第二，通过交往程序设计，强化官商平等沟通。

诱致部分官员在官商交往中利用优势地位现象产生制度层面原因在于政府内部缺乏一套规范政商交往的程序规则，使得在政商交往过程中官员能够充分运用原本具备的优势地位，忽略企业合理正当的诉求。为此，建立起以公开、参与为核心的行政决策程序就显得非常重要。这一程序设计，应该具备三项程序要件：一是要面向全体企业开放；二是保障企业公平参与，保障表达权利；三是建立政府和官员反馈和回应机制。

第三，强化党性宗旨教育和机制设计，激励官员积极作为。

针对操纵型官员行为，最重要的是如何将官员具有的优势地位转换为积极服务企业的动力，此时涉及官员行为的激励问题。在这里除了从根本上通过党性宗旨教育来提升官员"权为民所用、情为民所系、利为民所谋"的主观能动性外，更需要实际考量官员不作为的现实原因。事实上，官员不作为的原因是多方面，除了政治伦理之外，还有其他原因，例如官员面对无法化解的决策风险，往往采取保守做法。事实上，政商关系牵涉到当地就业、相关企业公平竞争、环境利益等复杂因素时官员常常难以决策。因此，提升激励力，除了加大官员晋升、奖励等方法外，完善决策机制，特别是风险评估、化解和分担机制也是重中之重的任务。当前，各地推行的风险评估机制、重大决策程序、容错纠错机制，应该在处理政商关系问题上发挥特别作用。

## 参考文献

财经网，2012，《云南杨红卫案警钟》，12 月 31 日。

龚洋浩、唐轶康、马志强，2017，《别做"只微笑不办事"的木偶》，《中国纪检监察报》5 月 17 日，第 4 版。

郭芳，2014，《国家发改委原副主任、国家能源局原局长刘铁男贪腐启示录》，《中国经济周刊》第 12 期。

金孵、碧玉，2014，《昏官童名谦》，《检察风云》第 21 期。

刘晓峰，2012，《乡镇政府资源配置中的"差序格局"与其运作逻辑》，《甘肃理论学刊》第 6 期。

聂辉华、蒋敏杰，2011，《政企合谋与矿难：来自中国省级面板数据的证据》，《经济研究》第 6 期。

欧阳静，2011，《压力型体制与乡镇的策略主义逻辑》，《经济社会体制比较》第 3 期。

澎湃新闻，2017，《水电站未批先建　青海环保厅罚款 20 万》，9 月 27 日。

人民网，2016，《"亲""清"二字指明"官""商"交往新道》，http://opinion.people.com.cn/n1/2016/0306/c1003-28175243.html。

万君，2014，《策略化行为：乡镇干部行为研究》，华中师范大学。

王克，2014，《昆山爆炸案引发"亲商"之问》，《中国经济周刊》第 31 期。

新华日报，2013，《淮安市环保局原局长张汝华严重违纪被调查》，2 月 24 日。

新华网，2015a，《南京市原市长季建业受贿案一审被判 15 年》，4 月 7 日。

新华网，2015b，《甘肃 14 名国家机关工作人员因腾格里沙漠污染事件被追责》，6 月 5
  日，http://www.xinhuanet.com/politics/2015-06/05/c_1115530011.htm。

翟学伟，2011，《中国人的关系原理：时空秩序、生活欲念及其流变》，北京大学出
  版社。

翟学伟，2012，《关系与中国社会》，中国社会科学出版社。

正义网，2016，《孙旭军：都是招商引资惹的祸？》，11 月 7 日，http://www.jcrb.com/
  Fanfu/chl/200806/t20080614_27628.html。

周建国，2005，《紧缩圈层结构论——一项中国人际关系的结构与功能分析》，三联书店。

周黎安，2007，《中国地方官员的晋升锦标赛模式研究》，《经济研究》第 7 期。

# 英文目录及摘要

On the Essential Connotation and Practical Demands for Strengthening Party Discipline

**Abstract**: Strengthening discipline building has been a focal point of enforcing full and strict governance over the Party since the 18th CPC national congress held in November 2012. This article summarizes the theoretical, historical and practical logic of party discipline building since then, elaborates the essential connotation of party discipline and discipline building in the new era, and put forwards the practical demand for strengthening discipline building in ten respects.

**Keywords**: New Era; Discipline Building

The Impact of Political Embedding on Anti-corruption Confidence: An Analysis Based on the Propensity Score Matching of 2017 National Integrity Survey Data

**Abstract**: Existing research shows that there is a correlation between political embedding and corruption perception. However, political embedding itself has a selection effect, that is, the individual who chooses to be absorbed into the political system may have confidence in the system itself, and the organization also selects individuals with specific characteristics. Therefore, it is necessary to eliminate the selection effect before assessing the impact of political embedding on anti-corruption confidence. In this paper, we use the method of propensity score matching to analyze the 2017 National Integrity Survey data. When the selection effect is controlled, the influence of political embedding on the anti-corruption confidence of governments at all levels will slightly decrease, but is always positive and statistically significant. Moreover, political embedding has a more significant impact on anti-corruption confidence for individuals who have not had a bribe-soliciting experience than those with a bribe-soliciting experience. In addition, the influence of political embedding on anti-corruption confidence across different public sector is also heterogeneous. Among them, the positive influence of political embedding of party and government departments is the most significant, while that of state-owned enterprises is the weakest.

**Keywords**: Political Embedding; Anti-corruption Confidence; Propensity Score Matching; Integrity

The Subject Matter of Clean-Governance Studies as a Discipline: A Literature Review

*XU Fayin / 59*

**Abstract**: The construction of clean-governance studies as a discipline is of academic and practical significance to anti-corruption and public integrity. Nevertheless, the current discipline has neither analyzed past research nor defined its own object of study. As a reflection of the progress made in the practice of combating corruption and upholding integrity, research in the field has provided a solid intellectual basis for clean-governance studies. Our analysis shows that the subject matter of clean-governance Studies comprises two highly interrelated and mutually reinforcing aspects: (1) corruption analysis and its prevention; and (2) clean-governance ideas and their implementation. Clean-governance studies can, therefore, be defined as a discipline which is devoted to the analysis of the phenomena, causes and solution of corruption, as well as the study of clean-governance ideas and system building. Clean-governance studies in the future should, based on the past achievements made in the anti-corruption movement, strengthen the combination of theory and practice, identify the relationship between corruption prevention and clean-governance policies, with a view to developing a more full-fledged theoretical system and bolstering the progress of anti-corruption practice.

**Keywords**: Corruption-combating Studies; Clean-Governance Studies; Corruption Prevention; Clean-Governance Policies

A Brief Survey of the Evolution of Power Supervision Thought in the West

*ZHENG Hannian* / 85

**Abstract**: It would be a meaningful attempt to construct an honest and clean government system in China by critically examining and drawing lessons from the power supervision ideas of Western countries. The people's supervisory ideas of Plato, Aristotle and Cicero in ancient Greece and ancient Rome, such as "Good Democracy", "Three Elements of Politics" and "Mixed Republicanism", were developed and improved by Augustine (anti-evil power supervisory thought), Aquinas (theory of legitimate power), Machiavelli (theory of sovereignty), and so on in the Middle Ages. During the Enlightenment, Hobbes' theory of centralization of state power, Locke's theory of separation of powers and checks and balances, Montesquieu's theory of separation of powers, Rousseau's theory of people's sovereignty, Diderot's theory of equal restriction and other theories of sovereignty supervision appeared and became perfected, till modern Western Hamilton's theory of "separation of powers and checks and balances in the federal system" and Tocqueville's theory of "separation of powers and checks and balances" came into being. The power supervision system of "national democracy" such as decentralized democratic autocracy and Weber's "democratic rational instrumentalism" still has "dazzling" theoretical value and "simple" practical significance.

**Keywords**: Western Doctrine; Clean-Government Construction; Power Supervision; Corruption Control; Evolution

Structure and Function: An Ecological Analysis of Power Supervision

*WU Yongsheng* / 102

**Abstract**: The differentiation between the state and the society in function and structure finally awakens citizens' subjective consciousness and public spirit, as well as initiates the ecological process of power operation. The communication between the state and the society, which is integration and duality, makes the power subject not only bear the pressure of supervision inside and outside of the system but also enjoy the rich resources of both, thus making the power supervision play a comprehensive ecological function while forming the three-dimensional ecological structure. At the level of ecological structure, the subjects and objects of supervision have gradually changed from formal coexistence to individualized symbiosis, thus realizing the normalization and preliminary ecological development of power supervision. So far as ecological function is concerned, the subjects and objects of supervision have gradually moved from utilitarian supervision to moral supervision, thereby promoting the transformation from mutual restraint in differences to win-win situation in harmony. With the improvement of supervision ecology in structure and function, supervision subjects with different appeals can not only form a larger and more sustainable supervisory force, but also help regulate power operation and accelerate the course of power civilization in consensus and cooperation with supervision objects.

**Keywords:** Power Supervision; Supervision Ecology; Ecological Structure; Ecological Function

Roles of the Dispatched Agencies of Discipline Inspection and Supervision Organs in the New System

*ZHANG Guolan, ZHAO Wei and CHEN Chen* / 117

**Abstract:** In order to adapt to the new situation of national supervision system reforms, dispatched agencies of Discipline Inspection and Supervision Organs should, in accordance with their own duty aims and characteristics, strengthen political development and promote the rule of law, institutionalization, standardization and professionalization in the course of deepening reforms. Particular efforts should be made in the following four respects: (1) handling properly the dialectical relationship between "supervision" and "re-supervision", and strictly implementing the "two responsibilities"; (2) eliminating negative factors and bringing into full play the advantages and authority of dispatched agencies; (3) placing equal emphasis on discipline and law and strengthening the standardization of working mechanisms; (4) according importance to team building, unleashing its vigor and vitality, and highlighting its "watchdog" role, so as to enhance the supervision of dispatched agencies.

**Keywords:** Exercise Full and Strict Party Self-governance; Dispatched Supervision; Reform of National Supervision System

**Abstract**: The county-level supervisors face bottlenecks that are timidity, powerlessness, and institutional incapability. In the practice, County B of Province H highlighted the supervision of the same-level Party committee by the same-level disciplinary committee, so that the performance-oriented guidance solved the problem of reluctance, the superior and same-level right confirmation solved the problem of timidity, and the system guidance solved the problem of incapability. Our analysis shows that in the context of strengthening strict Party governance, county-level supervision at the same level must be promoted top down. The key lies in the top leaders whose should perform the functions of peer reminding and discovering clues. In the long run, we should promote institutional development so as to build a multi-dimensional dynamic mechanism.

**Keywords**: County Party Committee; County Disciplinary Committee; Same-level Supervision; Promotion Path

**Abstract**: Poverty alleviation and development is an important policy to ensure people's livelihood and advance the enterprise of building a moderately prosperous society in all respects. In the implementation of the policy, however, varying degrees of corruption have appeared in the identification of households below the national poverty line, the allocation of poverty alleviation funds, the determination of poverty alleviation programs, the evaluation of poverty alleviation performance, etc. Corruptions such as have affected the optimal allocation of resources, intensified social conflicts, instigated the spread of corruption, and damaged the reputation of the Party and the government, bringing serious harm to the state, society and individuals. The main causes for such corruptions include: policy defects, defects of policy implementers, poor information of policy objects, as well as the negative effects of policy environment. The effective ways to prevent corruption in the implementation of poverty alleviation and development policies are: perfecting policies, improving the quality of policy implementers, enhancing public participation, strengthening supervision mechanisms, and creating a better policy environment.

**Keywords**: Poverty Alleviation and Development; Policy Implementation; Corruption; Prevention

A Textual Analysis of the Legislation of the Supervision Law: With a Discussion of Several Thorny Issues in Its Implementation

*LIN Tai and HUANG Xinping / 160*

**Abstract**: As compared with its preceding three drafts, the finalization of the Supervision Law marks great progress in both legislative technology and substantive rule of law. However, as the supervision system reform is a new attempt of reconstructing the national power system, the regulations of the present Law are generally simple and sketchy in consideration of flexibility when it is implemented. Inevitably, therefore, some blank spots and difficult issues remain to be filled in or addressed. Specifically, these include: revising the Supervision Law as soon as possible to confirm the formulation right of National Supervisory Commission, specifying regulations regarding the identification of NPC delegates' jurisdiction scope and the ways how the scope is interfaced with their special personal security procedures, redefining the supervised objects of education, science, culture, health care and sports institutions. Moreover, and the objects of anti-corruption education should not be limited to public officials. Rather, the three functions of administrative supervision should be scientifically differentiated, broken down and absorbed. It is also important to uphold the principle of the rule of law under the premise of strictly regulating the supervisory power, and provide ample trial and error space for the Supervision Law, so that system design can evolve in close interaction with practice.

**Keywords**: Supervision Law Legislation; Legislative Technology; Substantive Rule of Law; Supervision Law Implementation

Officials' Misconducts and Their Regulation in the Interaction between Government Officials and Businessmen

*CHEN Jili and HUANG Xiaojun ∕ 179*

**Abstract**: The power disparity between government officials and businessmen constitutes the basic scenario whereby the former adopt different behavioral strategies in the interaction between the two. In accordance to the different dependence degrees between government officials and businessmen, we can divide their interaction into three primary types: strong official-weak businessman scenario, strong businessman-weak official scenario, and equal official-businessman scenario. Depending on different scenarios, government officials usually adopt different behaviors: "pull-in" behavior, "alliance" behavior, and "manipulation" behavior respectively. To regulate government officials' misconducts and forge a cordial and clean relationship between officials and businessmen, it is crucial, while drawing the bottom line of building a clean relationship, to chart out a new cooperative path between the two. Specifically, incentive measures should be designed to ensure officials and businessmen to stay within their own boundaries, so that a cordial relationship between them can be constructed, and that economic and social development can be promoted. To this end, it is important to design and adopt targeted regulatory measures, on the basis of state laws and party regulations, in accordance with the different scenarios of official-businessman interaction and the internal logic of officials' behaviors.

**Keywords**: Official-businessman Relationship; Misconduct; "Pull-in" Behavior; "Alliance" Behavior; "Manipulation" Behavior

# 稿　约

1. 《廉政学研究》是以反腐倡廉为主要关注对象、具有跨学科研究特点的学术集刊，刊登相关主题研究的学术成果，热诚欢迎海内外广大学者投稿。

2. 本刊设有"专题研讨""研究论文""调查报告"等栏目，不刊登时评和已经公开发表的文章。学术论文以 10000～20000 字为宜，调查报告以 6000～10000 字为宜。

3. 稿件第一页载明以下信息：（1）文章标题；（2）作者相关信息，包括姓名、工作单位、职称、学位、联系电话、通信地址、e-mail 等。稿件第二页载明以下信息：（1）文章标题；（2）中文摘要（300 字以内）；（3）3～5 个关键词；（4）文章的英文标题、作者姓名的汉语拼音或英文名；（5）英文摘要（不超过 200 个单词）；（6）英文关键词。

4. 稿件采用他人成说，需加注说明。在引文后加括号注明作者、出版年份及页码。详细文献出处作为参考文献列于文后，以作者、出版年份、书名（或文章名）、译者、出版地点、出版单位（或期刊名）排序。文献按作者姓氏的第一个字母依 A－Z 顺序分中、英文两部分排列，中文文献在前，英文文献在后。参考文献中的英文书名及期刊名用斜体，论文题目写入"　"内。作者本人的注释均采用当页脚注。每张图、表格均应达到出版质量，并在行文中标明其序号。

5. 文章正文的文内标题、表格、图、公式以及脚注应分别连续编号。一级标题用编号一、二、三等；二级标题用（一）、（二）、（三）等；三级标题用 1、2、3 等；四级标题用（1）、（2）、（3）等；一级标题居中，二级标题左对齐，三级标题左缩进 2 格。注释按页连排，标号为①、②、③等。

6. 本刊对所有来稿实行三审定稿制，取舍稿件重在学术水平。本刊实行双向匿名审稿制度。请勿一稿多投，杜绝学术不端行为。

7. 本刊刊登的所有文章，未经授权，一律不得转载、翻译，否则将追究法律责任。

8. 本刊刊登的所有文章均加入期刊数字化网络系统。若无意加入网络版者，请来稿时注明，否则视为默许。

9. 投稿方式：本刊唯一的投稿信箱为 lianzhengxueyanjiu@126.com；审稿过程将会及时通知作者，包括"初审"（大概 10 个工作日或两周）、专家匿名审稿（大概 40 个工作日或两个月）、三审（大概 10 个工作日或两周）。

10. 来稿一经采用，作者必须按本刊的"体例说明"对文章格式进行修改；刊出后，即奉稿酬和当期刊物 2 册。

图书在版编目（CIP）数据

廉政学研究. 第 2 辑 / 蒋来用主编. -- 北京：社会
科学文献出版社，2018.12
ISBN 978 - 7 - 5097 - 6519 - 7

Ⅰ.①廉…　Ⅱ.①蒋…　Ⅲ.①廉政建设 - 研究　Ⅳ.
①D035.4

中国版本图书馆 CIP 数据核字（2018）第 293252 号

**廉政学研究　第 2 辑**

主　　编 / 蒋来用
特约主编 / 徐玉生

出 版 人 / 谢寿光
项目统筹 / 谢蕊芬
责任编辑 / 杨　阳

出　　版 / 社会科学文献出版社 · 群学出版分社（010）59366453
　　　　　　地址：北京市北三环中路甲 29 号院华龙大厦　邮编：100029
　　　　　　网址：www. ssap. com. cn
发　　行 / 市场营销中心（010）59367081　59367083
印　　装 / 三河市尚艺印装有限公司

规　　格 / 开　本：787mm × 1092mm　1/16
　　　　　　印　张：13.75　字　数：191 千字
版　　次 / 2018 年 12 月第 1 版　2018 年 12 月第 1 次印刷
书　　号 / ISBN 978 - 7 - 5097 - 6519 - 7
定　　价 / 69.00 元